James McBride

LA COULEUR D'UNE MÈRE

Traduit de l'anglais (États-Unis)
par Gabrielle Rolin

NiL éditions

Première édition : 1996, Riverhead Books, New York.

Titre original : *The Color of Water*

Cette édition est publiée avec l'accord de Riverhead Books of G.P. Putnam's Sons.

ISBN : 2-84111-075-3

J'ai écrit ce livre pour ma mère et sa mère,
et pour toutes les mères du monde.

À la mémoire de Hudis Shilsky,
du Révérend Andrew D. McBride,
et de Hunter L. Jordan Senior.

ENFANT, je n'ai jamais su d'où venait ma mère, ni où elle était née, de quels parents. Quand je l'interrogeais, elle répondait : « Dieu m'a faite. » Quand je lui demandais si elle était blanche, elle disait : « J'ai la peau claire » et changeait de sujet. Elle a élevé douze enfants noirs et les a tous envoyés au lycée, certains même à l'université. Ils sont devenus docteurs, professeurs, chimistes, instituteurs, mais aucun, avant d'être adulte, n'a appris le nom de jeune fille de notre mère. Il m'a fallu quatorze ans pour reconstituer l'étonnante histoire de cette femme, fille d'un rabbin orthodoxe, épouse de deux maris noirs, et si elle me révéla ses origines ce fut moins pour satisfaire ma curiosité que pour évoquer son passé. Voici sa Vie telle qu'elle me la rapporta et la mienne aussi, glissée entre les pages.

1

D'outre-tombe

Je suis morte.

Tu veux que nous parlions de ma famille, toi et moi qui suis morte depuis cinquante ans. Laisse-moi tranquille. Ne m'ennuie pas. Ils n'ont rien à faire avec moi, ni moi avec eux. Dépêche-toi d'en finir avec tes questions. J'ai envie de regarder *Dallas.* À propos de ma famille, écoute-moi bien, si tu en avais fait partie, tu aurais laissé tomber toutes ces bêtises, tes « racines », comme tu dis. Tu ferais mieux de regarder un feuilleton à la télé que d'interroger les absents ou d'enquêter sur mon père. Il aurait une attaque s'il te voyait. De toute façon, il est mort maintenant, sinon il aurait cent cinquante ans.

Je suis née en Pologne, le 1er avril 1921, poisson d'avril dans une famille de juifs orthodoxes. Je ne me souviens plus du nom de la ville où j'ai vu le jour mais je n'ai pas oublié mon nom juif : « Ruchel Dwajira Zylska. » Mes parents se sont débarrassés de ce nom quand nous avons émigré en Amérique et je suis devenue Rachel Deborah Shilsky. À mon tour, j'ai abandonné ce nom à dix-neuf ans ; il ne m'a plus jamais servi après que j'ai quitté la Virginie pour de bon. Pour tout ce qui me concerne, Rachel Shilsky est morte ; elle le devait afin que moi, je puisse vivre.

Ma famille a porté mon deuil lorsque j'ai épousé ton père. Ils ont récité le kaddish, comme le font les juifs pieux à la mort de l'un des leurs. Ils ont prononcé des prières, ont retourné les miroirs contre le mur, se sont assis pendant sept jours sur des malles, la tête couverte. Quel remue-ménage ! Peut-être est-ce pour cela que je ne suis pas juive à présent, il y a trop de règles à suivre, trop d'interdits, trop d'obligations. « Tu dois... », « Tu ne peux pas... », mais qui te dira jamais : « Je t'aime ? » Personne dans ma famille en tout cas, ce n'était pas notre genre. Nous ne nous disions que des choses utiles, du genre de : « Voilà une boîte de clous », et mon père ordonnait : « Faites moins de bruit pendant que je dors. »

Il s'appelait Fishel Shilsky, était rabbin orthodoxe et avait déserté l'armée russe, puis, s'étant introduit en Pologne, il avait épousé ma mère, comme convenu. Il se plaisait à raconter qu'on lui avait tiré dessus quand il s'était enfui de l'armée. Il avait, il eut toujours le chic pour se tirer d'un mauvais pas. C'était un petit homme brun, très chevelu que notre Tateh, le mot yiddish pour père, un vrai renard quand il s'agissait d'argent. Il portait d'ordinaire une chemise blanche, un pantalon noir et un petit châle de prières sur les épaules. Il ne changeait de pantalon que lorsque le sien était usé jusqu'à la trame ou si sale qu'il tenait debout tout seul. Que Dieu vous prenne en pitié si ce pantalon se précipitait sur vous ! On ne plaisantait pas avec mon père. Il n'y avait pas plus dur que lui.

Ma mère, Hudis, était toute différente, si douce, si humble. Elle était née en 1896, en Pologne, à Dobryzin, mais si tu allais là-bas aujourd'hui, personne ne pourrait te fournir le moindre renseignement sur la famille. Tous les juifs qui ne sont pas partis avant Hitler ont été anéantis par l'holocauste. C'était une jolie femme aux cheveux noirs, aux pommettes hautes, mais une attaque de polio l'avait presque paralysée d'un côté et elle resta délicate. Elle tenait toujours sa main gauche, au poignet infirme, sur sa poitrine; un de ses yeux y voyait mal et elle boitait en marchant. Il n'y avait pas plus gentil, plus discret que ma Mameh. Voilà quelqu'un envers qui j'ai eu des torts, plus qu'envers quiconque.

2

La bicyclette

J'avais quatorze ans lorsque ma mère céda à ses deux nouvelles passions : le piano et la bicyclette. Peu m'importait le piano mais la bicyclette me rendit fou. C'était une vieille casserole bleue, avec des enjoliveurs blancs, de gros pneus, d'énormes garde-boue et un klaxon actionné par une batterie située au milieu du cadre. Il suffisait de pousser sur un bouton pour susciter une sorte de gémissement. Aujourd'hui, les collectionneurs s'arrachent ce genre de modèle qui doit valoir dans les cinq mille dollars mais, à l'époque, ce n'était qu'une occasion découverte par mon beau-père dans une rue de Brooklyn. Il la traîna chez nous quelques mois avant sa mort.

J'ignore si l'initiative vint de lui ou non, je pencherais pour la négative. Il avait soixante-douze ans quand il mourut. Bien qu'il fût mon beau-père, je le considérai toujours comme mon papa. C'était un homme tranquille qui n'élevait jamais la voix, s'habillait à l'ancienne, portait des feutres, des gilets boutonnés, des bretelles, et s'efforçait toujours de paraître impeccable, si salissant que fût son travail. Quoiqu'il fît, il l'exécutait avec lenteur et soin ; sous son application, on devinait cette patience propre aux Indiens et aux paysans noirs, un mélange d'endurance, de résistance et de confiance en soi. Il ne se laissait pas impressionner par autrui et lui-même ne se souciait jamais de « faire impression ». C'est tout naturellement qu'il épousa ma mère, une juive blanche, chargée de huit enfants dont le plus petit (moi) n'avait pas un an. Ensemble, ils mirent au monde quatre autres gosses, « assez pour une équipe de baseball », dit-il lorsque nous fûmes une douzaine. Tous, nous le considérâmes comme notre père. Mais, du jour au lendemain, une attaque foudroya ce pilier apparemment inamovible de la maison.

Après sa mort, j'abandonnai presque complètement l'école, ratai tous mes examens et passai le plus clair de mon temps dans les cinémas de Times Square et de la 42e rue. « James nous fait sa révolution », ricanaient mes frères et demi-frères. Mais ils m'en voulaient et mes sœurs s'inquiétaient. Je n'y attachais aucune importance, me goinfrant de films avec d'autres bons à rien. Nous fumions toutes les saloperies possibles, hasch et marijuana, piquions les porte-monnaie, volions dans les magasins. J'ai même une fois détroussé un petit revendeur de drogue. Un beau soir, comme je rentrais à la maison un joint aux lèvres, un rasoir à la main, je croisai, à la sortie du métro, ma mère qui pédalait sur sa bicyclette bleue.

Seule femme blanche dans ce quartier de Queens, elle roulait lentement le long de l'avenue Murdock où nous habitions et les voitures s'écartaient nerveusement de sa route tandis que les motocyclistes noirs s'arrêtaient, stupéfaits par le spectacle de cette dame mûre sur son antique vélo. C'était sa manière d'exprimer son chagrin mais je l'ignorais alors. Hunter Jordan, mon beau-père, nous avait quittés, Andrew McBride, mon vrai père, avait lui aussi rendu l'âme quatorze ans plus tôt, juste avant ma venue au monde. Ma mère n'avait manifestement plus l'intention de se remarier en dépit des efforts de quelques prêtres du coin dont les sourires étincelaient autant que leurs Cadillac. Ils savaient qu'elle (et nous aussi par conséquent), n'avait plus un sou. À cinquante et un ans, la reine du foyer, encore mince, les cheveux noirs, des dents éclatantes, ne manquait pas d'allure malgré son grand nez et sa démarche un peu bancale que l'on remarquait à un kilomètre. « Son pas de sorcière » disions-nous, et si elle se pressait pour nous atteindre, le pire était à craindre. Je l'ai vue affronter les voyous du quartier, leur agiter son poing dans la figure, mais c'était avant la mort de papa. À présent, elle semblait ne s'intéresser qu'au piano, qu'aux moyens d'esquiver les factures et qu'à nous contraindre, par sa seule volonté, à parvenir au niveau des études secondaires. Entre temps, elle sillonnait le Queens sur sa bicyclette. Elle refusait d'apprendre à conduire et, durant des mois, la vieille voiture de mon père demeura au coin de la rue, silencieuse, astiquée sous tous les angles, témoin des virées quotidiennes de ma mère.

Il me suffit de fermer les yeux pour la revoir, oscillant sur sa selle, image qui symbolise pour moi toute son existence, son originalité, son indifférence absolue aux dangers qu'elle affrontait, aux sentiments qu'elle suscitait ; l'hostilité latente qu'une Blanche égarée dans un monde noir éveillait chez les Noirs et les Blancs, son ignorance de tout ce qui me semblait la menacer. Elle n'en percevait rien. Elle roulait si lentement que de loin, elle n'avait pas l'air de bouger, on l'eut dite peinte sur le ciel de printemps, une Blanche d'un certain âge sur un vieux vélo, entourée de gosses noirs qui la frôlaient sur des bécanes dernier modèle ou sur des planches à roulettes, qui sautillaient sur leurs engins, ou se lançaient des balles et jetaient à son passage des pétards qui éclataient sous ses pneus. Elle n'y prêtait pas attention. Dans sa robe à fleurs, chaussée de mocassins noirs, balançant la tête d'avant en arrière, elle poursuivait cahin-caha sa route, contournait le carrefour triangulaire où je jouais avec mes copains, remontait l'avenue Lewistone, descendait la rue Mayville où un gentil gosse, Roger, avait été écrasé par une auto, et remontait l'avenue Murdock, traversait la chaussée, jusqu'à chez nous. Elle s'arrêtait d'un coup, oscillait vertigineusement et sautait sur le sol juste avant que son vélo n'y tombe. « Ouf! » s'exclamait-elle devant mes frères et sœurs alignés sur le seuil, unis dans une commune réprobation. « Je donnerais n'importe quoi pour que tu ne montes pas sur cette machine! » soupirait ma sœur Dotty, et je l'approuvais sans rien dire. Moi aussi, j'aurais payé cher pour que mes copains n'aperçoivent pas ma mère se livrant à ses acrobaties. Comme si ce n'était pas assez d'être blanche, mais non, il lui fallait s'exhiber sur ce clou, à son âge! Je ne m'y résignais pas.

Aussi loin que je m'en souvienne, j'ai toujours trouvé ma mère bizarre. Elle n'essayait pas de se montrer aimable avec les voisins et refusait d'évoquer son passé qui demeurait donc un mystère. Elle buvait du thé dans un verre. Elle savait parler yiddish. Rebelle à toute autorité, elle exigeait un respect total de son intimité. Sa bizarrerie rejaillissait sur nous. Notre famille de douze enfants ne ressemblait à aucune autre et Maman s'y perdait parfois. « Hé, James, ou Judy,

Henry, Hunter, Kath, qui que tu sois, viens ici une minute », criait-elle. Bien sûr, elle n'oubliait pas qui nous étions mais le temps lui manquait pour tenir compte d'un détail comme nos prénoms. Elle était aux commandes de la maison car mon beau-père ne vivait pas avec nous. Il gardait ses distances avec notre masse grouillante qu'il ne retrouvait qu'en week-end. Alors, il nous apportait de la nourriture, des tricycles, et se chargeait de réparer ce que nous avions démoli durant la semaine. Maman s'occupait des problèmes de notre éducation. Tantôt elle jouait le médecin-chef : « Ce n'est rien, mets-y de la teinture d'iode », tantôt elle se transformait en stratège : « Si quelqu'un te frappe, retrousse tes manches et casse-lui la gueule », tantôt elle se souciait de nos âmes : « Dieu passe avant tout », tantôt elle avait recours à la psychologie : « Si cela t'ennuie, n'y pense pas », tantôt elle chassait les soucis financiers : « Qu'est-ce que l'argent si tu as la tête vide ? » Elle avait réponse à tout et ne daignait pas évoquer la question des différences de race.

Petit garçon, je rêvais de vivre dans un foyer comme celui de *Papa en connaît un rayon*, une émission de télé dans laquelle le père rentrait chez lui chaque soir, en veston-cravate, et y retrouvait juste le nombre d'enfants qu'il pouvait installer sur ses genoux. Et des enfants bien différents de nous qui nous baladions en pantalons troués et chaussés de baskets achetés en solde à 1,99 dollar la paire. Nos parents étaient toujours distraits par leurs occupations. Mon père ne surgissait qu'en fin de semaine, en tricot de corps, ses outils à la main, Maman déambulait de son côté, un bébé sur chaque bras, un autre qui la tirait par la jupe, des langes, des pinces à linge plein les doigts. Dans son sillage, d'autres moutards s'égosillaient. Auparavant, nous habitions dans un immeuble communautaire de Brooklyn, avant de déménager pour le confort tout relatif de l'avenue St. Alban, dans le Queens. Maman nous couchait chaque nuit comme on aligne des saucisses, trois dans chaque lit, le premier la tête sur le traversin, le second dans l'autre sens, le troisième comme le premier, et aux suivants. « Haut les têtes, bas les pieds », disait-elle en nous embrassant après nous avoir disposés à son idée. Dès qu'elle avait tourné les talons, nous nous battions pour occuper la place le long du mur. « J'y suis, j'y reste », criais-je mais Richard, mon frère aîné et donc mon supérieur, répliquait : « Non, c'est la place de David et moi je dors au milieu. Tu coucheras sur le bord. » En sorte que durant la nuit, las de respirer l'haleine de David ou les orteils de Richard, je n'y pouvais plus tenir et, à force de me retourner, j'atterrissais en catastrophe sur le sol de ciment glacial.

Chez nous, c'était perpétuellement la lutte

pour la vie. Maman l'avait compris, peut-être était-elle responsable de cette situation. Chacun devait s'en tirer seul, du moins le pensions-nous, jusqu'à ce que, ayant atteint la limite de nos forces, nous nous trouvions dans une situation désespérée. Maman venait alors à notre secours. Je me souviens de ma terreur lorsque j'atteignis l'âge d'aller à l'école. Bien que cette dernière se trouvât à huit pâtés de maisons de chez nous, je n'avais pas le droit de m'y rendre avec mes frères et sœurs car les petits de la maternelle devaient prendre le bus. Le matin fatidique, Maman me poursuivit dans la cuisine en essayant de m'habiller, tandis que mes aînés riaient de ma panique. « C'est pas mal, le bus, me dit l'un. Sauf qu'il y a des serpents. » Et un autre ajouta : « L'ennui, c'est que parfois il ne te ramène JAMAIS à la maison. » À quoi, tous pouffèrent en chœur.

« Du calme », ordonna Maman procédant à une ultime inspection. Mes vêtements étaient propres mais usés. Billy avait porté le pantalon, David la chemise, le manteau avait passé de Dennisà Billy, puis de David à Richie, avant que j'en hérite. C'était un manteau gris avec un col de fourrure qui semblait littéralement mâchonné. Maman lui donna un coup de brosse, remplit sept ou huit bols de flocons d'avoine, demanda aux plus âgés de nourrir les plus jeunes et me passa un peigne dans les cheveux.

J'eus l'impression qu'un tracteur me labourait le crâne. « Allons, me dit-elle. Je vais t'accompagner au bus. » C'était une grâce inattendue. J'aurais donc ma mère pour moi seul. Oui, pour la première fois, nous serions en tête à tête.

Cet événement illumina ma journée et me laissa un souvenir aussi permanent qu'un tatouage. Je revois Maman marchant à côté de moi vers l'arrêt du bus, me quittant à l'endroit où elle m'attendrait l'après-midi, dans un manteau brun, les cheveux recouverts d'un foulard bariolé, guettant parmi les autres parents le bus jaune qui s'immobiliserait dans un grincement de freins.

Peu à peu, tandis que s'estomperait la peur de l'école, je constaterais que ma mère ne ressemblait pas du tout aux mères des autres gosses. Elle avait plus en commun avec Mrs. Alexander, la dame blanche qui dirigeait le jardin d'enfants. Lorsque le bus tournait le coin de la rue et que les portes s'ouvraient, je découvrais, pressant le nez contre la vitre, ma mère à l'écart des autres auxquelles elle n'adressait guère la parole. Elle demeurait à l'arrière, attendant calmement, les mains dans les poches de son manteau, les yeux prêts à me repérer. Dès que je lui lançais mes cris de joie, elle souriait et agitait la main. Et quand je descendais du bus, elle s'emparait de moi, illico, sans prêter attention aux femmes noires. Un après-midi, comme elle me ramenait à la maison, je lui demandai pourquoi elle ne ressemblait pas aux autres mères.

« Parce qu'elles ne sont pas moi », répondit-elle.

J'insistai : « Qui es-tu ?

– Je suis ta mère.

– Alors, pourquoi n'es-tu pas comme la mère de Rodney ou celle de Pete ? Pourquoi n'es-tu pas comme moi ? »

Elle soupira et haussa les épaules. Manifestement, elle avait déjà dû affronter ce genre de question.

« Mais si, je te ressemble. Je suis ta mère. Et cesse de me harceler. Apprends à réfléchir. L'école, c'est plus important que Rodney et Pete. Oublie leur mère, oublie tout sauf l'école. Quand tes copains iront d'un côté, toi, tu iras de l'autre, tu comprends ? À chacun ses problèmes, tu m'écoutes ?

– Oui.

– Je sais ce que je dis. Tu n'as pas à suivre les autres, reste avec tes frères et sœurs, c'est tout. Et ne raconte tes affaires à personne. »

La discussion fut close.

Quelques semaines plus tard, lorsque je sautai du bus, Maman n'était pas là. Je fus saisi de panique. À l'arrière-plan de ma mémoire, je l'entendais m'avertir : « Il va falloir que tu apprennes à rentrer seul à la maison », mais ce souvenir clignotait à peine comme un phare dans la brume. J'étais perdu. Ma maison se dressait deux rues plus loin mais elle aurait pu être à des dizaines de kilomètres puisque je n'avais pas la moindre idée de l'endroit où elle se trouvait. Luttant contre mes larmes, je demeurai planté là. Les autres parents me regardaient avec compassion, certains me demandèrent mon adresse mais j'avais peur de la leur dire. Je gardais présente à l'esprit la mise en garde de maman : « Ne raconte tes affaires à personne » et je secouais négativement la tête. L'un après l'autre, les parents me quittèrent. Il ne restait qu'un père noir, debout devant moi, avec son fils. « Ne t'en fais pas, me dit-il. Ta mère ne va pas tarder. » J'affectai de n'avoir rien entendu. Sa silhouette me bouchait la vue qu'embrouillaient en outre les larmes prêtes à se répandre. Impossible d'apercevoir derrière lui le cher manteau brun et le visage blanc. Il n'y avait personne dans la direction du foyer sauf un groupe de gosses qui ne ressemblaient pas du tout à celle que je guettais. C'étaient des garçons et des filles déguenillés, coiffés à l'afro, avec des blousons sales, des petits voyous qui chahutaient sur le trottoir. Lorsqu'ils me rejoignirent, alors seulement, j'identifiai mes frères aînés et ma plus jeune sœur, Kathy, qui traînait à leur suite. Je me précipitai dans leurs bras, hoquetant de sanglots que recouvraient leurs rires.

3

Kascher

Le mariage de mes parents fut arrangé par un rob, un rabbin important qui fait le lien entre les deux familles, veille à la dot, négocie le contrat conformément à la loi juive. L'amour n'a rien à voir là-dedans. La famille de ma mère était riche et d'un bon milieu. Je n'ai jamais su d'où venait celle de mon père. La chance qu'il avait de gagner l'Amérique dépendait de Mameh et quand il arriva au Nouveau Monde, il dut accepter la tutelle de la sœur aînée de Mameh, la tante Laurie qui avait épousé Paul Schiffman. On n'entre pas à sa guise en Amérique, il faut que quelqu'un vous y serve de garant. Il s'y implanta le premier et, après quelques mois, fit venir les siens : Mameh, Sam, mon frère aîné et moi qui n'avais que deux ans. Je n'ai donc aucun souvenir du long et périlleux voyage mais j'ai vu ces traversées au cinéma. Un papier officiel, dans la boîte à chaussures sous mon lit, indique que je suis arrivée le 24 août 1923, à bord d'un bateau nommé *Austergeist*. Durant plus de vingt ans, j'ai gardé ce papier avec moi en guise de protection, j'avais peur que l'on me renvoie. Qui « on » ? N'importe qui, le gouvernement, mon père... Je pensais que l'on pouvait vous expulser du pays comme d'une équipe de base-ball. Mon père dirait alors : « Je suis citoyen américain, pas toi. Je peux te réexpédier en Europe n'importe quand si j'en ai envie. » Il adressait en général cette menace à ma mère qui était arrivée la dernière et avait passé une bonne partie de sa jeunesse à fuir les soldats russes en Pologne. Elle parlait souvent du Tsar, du Kaiser, des cosaques qui envahiraient le village, aligneraient les juifs contre un mur et les fusilleraient tranquillement. « J'ai dû fuir pour nous sauver la vie, disait-elle. Je vous tenais, ton frère et toi, dans mes bras. » L'Europe la terrifiait et elle se réjouissait d'avoir jeté l'ancre en Amérique.

Une fois débarqués, nous avons logé chez mes grands-parents, Zaydeh et Bubeh, comme nous les appelions en yiddish, entre la 115e rue et l'avenue St. Nicolas, à Manhattan. Bien que je fusse encore très jeune, je me souviens clairement de Zaydeh. Il avait une longue barbe, semblait toujours de joyeuse humeur et buvait du thé bouillant dans un verre. Tous les hommes de la famille portaient de longues barbes. Sur le bureau de Zaydeh, il y avait une photo, prise en Europe, de lui et de ma grand-mère, côte à côte. Il portait un costume sombre, un grand chapeau, et ma grand-mère une perruque comme le voulait la religion. Je suppose qu'elle était chauve sous sa perruque, les femmes dissimulaient ainsi leur calvitie.

J'ai été très heureuse chez mes grands-parents, des gens chaleureux qui tenaient leur appartement de manière impeccable. Le confort régnait dans les grandes pièces meublées d'acajou massif. En juifs strictement orthodoxes, nous ne mangions que de la nourriture kascher, un mot dont tu ignores le sens ; pour toi ce n'est sans doute qu'une marque de chewing-gum. À toi de découvrir tout ce qu'il signifie, je ne suis pas experte en la matière et il y a des gens qui écrivent des livres entiers sur ce sujet. Mais mieux vaut lire la Bible. Débrouille-toi, ce n'est pas mon affaire. Moi, je ne savais pas pourquoi on changeait chaque jour les napperons de la table, les plats, les cuillères, les fourchettes, tout. Et il en allait de même pour les mets. Parfois, ce n'étaient que des produits laitiers, parfois que des viandes. Jamais de porc évidemment, les bons travers grillés, ni de lard avec les œufs, inutile d'y penser. Vous mangiez ce qu'on vous servait. Les jours de fromages et de crémerie, il suffisait de rincer les assiettes, pas la peine de les laver. Chaque vendredi soir, au coucher du soleil, on allumait des bougies pour célébrer le sabbat qui durait jusqu'au samedi soir. On n'avait pas le droit de toucher aux interrupteurs électriques, ni d'aller en auto, ni de se rendre au cinéma, ni même d'allumer le poêle. On devait rester tranquillement à la maison, à lire ou à ne rien faire. Pour moi, c'est ce qu'il y avait de plus dur. Toute jeune, j'aimais déjà courir les rues. Ce soir-là, je tuais le temps avec des feuilletons sentimentaux. Pendant des années [illegible] filé doux.

Je me souviens du jour où Zaydeh mourut à l'appartement; je ne sais pas de quoi, il s'éteignit tout simplement. À l'époque, les gens ne se cramponnaient pas comme aujourd'hui où on les suspend à des tuyaux pour enrichir les docteurs. Au moment venu, on mourait. Quand ce fut le tour de Zaydeh, on le coucha sur son lit et on nous conduisit, nous, les enfants, à son chevet. Il fallut porter mon petit frère, Sam, pour le mettre à la hauteur de grand-père qui reposait, les mains jointes. Il avait l'air de dormir. J'ai pensé qu'il n'était pas mort pour de bon; c'était impossible, la veille encore il faisait le pitre, nous jouait des plaisanteries. Mais il ne bronchait plus et on l'a enterré ce jour-là, avant le coucher du soleil. On a récité des prières, recouvert les miroirs, on s'est assis sur des malles, un foulard ou un chapeau sur les cheveux et ma grand-mère s'est vêtue de noir. Moi, je trouvais qu'on l'avait enterré trop tôt et j'avais envie de demander à quelqu'un : « Supposez que Zaydeh ne soit pas mort ? Supposez que ce soit une de ses blagues et qu'il se réveille sous terre ? » Mais dans ma famille, un enfant ne posait pas de questions. On obéissait aux ordres, un point c'est tout.

Le souvenir de cette angoisse m'est resté si vif que j'en suis encore claustrophobe. Je ne savais pas ce que représentait la mort; on n'en parlait jamais chez nous et il m'était interdit de prononcer ce mot. Les juifs d'autrefois crachaient sur le sol si quelqu'un mentionnait la mort en yiddish. J'ignore si c'était par superstition, c'était comme ça. Quand par hasard mon père prononçait le mot interdit, il crachait par terre deux secondes plus tard. Pourquoi ? Pourquoi pas ? Moi, je tremblais en me répétant : « Supposons que Zaydeh vive encore et qu'il se réveille entouré de tous ces morts... » Depuis, dès que je me sens enfermée, ma peur revient. Lorsque ce sera mon tour, il faudra que tu t'assures que je n'y suis plus du tout. Frappe-moi, pince-moi, pour vérifier. Rien qu'à l'idée d'être enterrée vivante, prisonnière d'une tombe, entourée d'autres morts, Seigneur, je crève de frousse.

4

Le Pouvoir noir

Enfant, je me demandais souvent d'où venait ma mère. Quand je l'interrogeais, elle me répondais : « C'est Dieu qui m'a faite » et changeait de sujet. Quand je m'étonnais qu'elle soit blanche, elle haussait les épaules. « J'ai la peau claire, et après ? » et parlait d'autre chose. Exposer son histoire personnelle ne faisait pas partie du programme d'éducation qu'elle appliquait à ses douze enfants café au lait, plus curieux et indociles les uns que les autres. Comme elle refusait de nous éclairer sur elle et sur son passé et que mon beau-père n'était guère disponible pour épiloguer sur ses origines ou sur celles de Maman, je n'obtenais quelques bribes d'information que par l'intermédiaire de mes frères et demi-frères. Nous échangions des tuyaux comme des photos de joueurs de baseball ; d'ordinaire, il ne s'agissait que de mensonges ou de fantasmes. Un jour, je demandai à Richie si nous avions des grands-parents. Il le prit de haut. « En quoi cela t'intéresse-t-il ? De toute façon, toi, tu es adopté. »

Faute de pouvoir découvrir la réalité, nous inventions n'importe quoi pour nous narguer. Je dis à Richie que je n'en croyais pas un mot. Il répliqua : « Ça m'est égal. Maman n'est pas ta vraie mère. La vraie est en prison.

– Tu mens ! protestai-je.

– Tu verras quand Maman te ramènera à ta mère, la semaine prochaine. Pourquoi penses-tu qu'elle est si gentille avec toi en ce moment ? »

Soudain, je me rendis compte que Maman s'était montrée particulièrement gentille avec moi, plus que d'habitude. Une sourde angoisse m'égarait, j'en arrivais à craindre que Richie eût raison. À la réflexion, je ne ressemblais pas à Maman. Richard et David non plus, certes, ni aucun de ses enfants ; nous étions tous incontestablement des Noirs, dans des nuances variées, certains un brin plus clair que d'autres, certains presque blancs, et nous avions tous les cheveux frisés. Selon ses propres termes, Maman était une « femme à la peau claire ». Jamais je n'avais mis en doute cette affirmation mais peu à peu elle me parut suspecte. La mère de Billy Smith, mon meilleur ami, avait le teint aussi clair que Maman et des cheveux rouges par-dessus le marché, pourtant je la rangeais sans hésiter parmi les Noires, pas Maman. Quelque chose me rongeait, une irritation croissante, une sorte d'ulcère. J'en ignorais l'origine mais n'en souffrais que davantage. Pourquoi Maman refusait-elle de reconnaître qu'elle était blanche ? Même nos professeurs avaient l'air de s'étonner qu'elle ne soit pas de ma couleur. Lors des réunions qui rassemblaient les parents d'élèves, une maîtresse demandait parfois : « James est-il un enfant adoptif ? » Maman lui opposait une dénégation outragée.

« Si je suis adopté, toi aussi, dis-je à Richie.

– Non, il n'y a que toi et tu vas bientôt retourner chez ta vraie mère en prison.

– Je m'enfuierai d'abord.

– Tu ne peux pas faire ça à Maman, elle aurait des ennuis. Tu n'y tiens pas, je suppose ? Elle t'a adopté pour ton bien. »

Il avait marqué un point et je cédai à la panique.

« Mais je ne veux pas retourner chez ma vraie mère, criai-je. Je veux rester ici avec Maman.

– Tu n'as pas le choix, mon pauvre vieux », soupira Richie.

La discussion continua et je sombrai dans le désespoir. Je me rappelle qu'il dura toute la journée, après le départ de Richard qui alla se coucher en ricanant. Moi, je restai éveillé jusqu'au cœur de la nuit, guettant le retour de Maman qui ne revenait du travail qu'à deux heures du matin. Aussitôt, elle devina ce qui me torturait.

Je l'avais rejointe dans la cuisine. Assis à la table, dans mon pyjama bariolé, je l'entendis m'affirmer : « Tu n'es pas un fils adoptif », puis elle éclata d'un grand rire.

« C'est donc toi, ma vraie mère.

– Bien sûr. »

Pour achever de me convaincre, elle m'embrassa, mais je tenais à en apprendre plus long.

« Alors, qui sont mes grands-parents ?

– Ton grand-père, Nash, est mort comme ta grand-mère Etta.

– Qui étaient ces gens ?

– Les parents de ton père.

– D'où venaient-ils ?

– Du fond du Sud. Tu ne t'en souviens pas. »

Une vague image de ma grand-mère Etta flottait dans ma mémoire, le visage d'une vieille dame noire qui avait dû être belle et qui semblait un peu égarée. Elle portait une robe bleue et tenait une canne à pêche ; la ligne et le hameçon s'enroulaient autour de ses chevilles. J'avais peine à admettre qu'elle eût existé en réalité.

« Tu les a connus, Maman ?

– Naturellement et très, très bien.

– Est-ce qu'ils t'aimaient ?

– Pourquoi poses-tu toutes ces questions ?

– Parce que je veux savoir. Est-ce qu'ils t'aimaient ? Et tes parents à toi, ils ne t'aimaient pas, je parie.

– Bien sûr que si, ils m'aimaient.

– Alors, où sont-ils ?

Il y eut un bref silence.

« Ma mère est morte, il y a très, très longtemps, répondit-elle enfin. Mon père était un renard. Assez de questions pour cette nuit. As-tu envie d'un biscuit au café ? »

Il n'y avait rien à ajouter. Mobiliser comme je l'avais fait l'attention de Maman durant plus de cinq minutes représentait un exploit peu courant chez les douze gosses, obtenir un biscuit tenait du miracle. Je renonçai à mon interrogatoire pour grignoter mais je ne cessai de me torturer les méninges, en partie parce que je mûrissais, en partie parce que j'avais l'impression que ma mère courait des risques. Malgré mon jeune âge, j'étais conscient d'une sourde hostilité entre Blancs et Noirs, ce qui mettait notre foyer en position périlleuse.

En 1966 (j'avais alors neuf ans), le Pouvoir noir, *Black Power*, tenait le haut du pavé dans notre quartier de Queens. Malcolm X, le leader, avait été tué une année plus tôt et sa mort avait renforcé son prestige. La mode était au style afro, les Panthères noires faisaient la loi. Chaque jour, des bâtiments publics, des monuments, des arbres même, étaient peints aux couleurs de « la Libération » : rouge, vert et noir. Les congas retentissaient chaque soir dans les rues, rassemblant les minets qui discutaient de la révolution. Mes frères défilaient autour de la maison en récitant des œuvres des « Derniers Poètes », un groupe de rap qui martelait des chants intitulés : « La révolution n'est pas pour la télé », ou « Dans le métro ». Chaque samedi matin, mes amis et moi pédalions jusqu'à l'usine de sodas pour voir les voltigeurs du quartier franchir en bagnole le caniveau qui barrait la route et expédiait en l'air toutes les voitures, même les plus lentes. Mon père franchit l'obstacle à vingt à l'heure dans sa Pontiac 1944 et moi qui l'accompagnais, je rebondis jusqu'au plafond. Les coureurs attaquaient à cent vingt à l'heure et décollaient du sol comme des oiseaux, perdant tout contrôle de leur machine qui, dans le pire des cas, achevait son atterrissage contre le mur de l'usine, réduite à un tas de métal, de radiateurs, de pare-chocs broyés. Ces bagnoles portaient des noms mirifiques : « Joe le Flambeur », « Miko », « Rêve mécanique », inscrits sur le capot. Notre favorite était une GTO noire, gonflée, sur laquelle « Black Power » se détachait en lettres blanches. C'était la plus rapide et son conducteur le plus audacieux. Il s'élançait comme un fou, plantant là quelques pauvres corvettes, parcourait un demi-cercle, exécutait un saut victorieux au ravissement de la galerie, ralentissait ; un bras musculeux appuyait son coude à la fenêtre, nous sifflions, hurlions, brandissions le poing. « Vas-y Black Power ! » Il riait, ses pneus râpaient le sol dans une odeur de caoutchouc brûlé, le moteur grondait et, comme une comète, les phares arrière disparaissaient dans l'allée sombre, avant qu'un flic ait la moindre chance de verbaliser. Pour nous, ce type était Dieu.

Mais en secret, et pour une raison évidente, je redoutais Black Power autant que je l'admirais. Ces deux mots, me semblait-il, signifiaient le pire pour ma mère. J'avais été gagné par la peur que les Blancs éprouvent pour les nègres, comme on disait en ce temps-là. Tout commença quand un journaliste blanc surgit sur notre poste de télé (à l'écran noir et blanc lui aussi) et commenta d'un ton imperturbable une manifestation de *Black Panthers*. Elle était conduite par de jeunes militants noirs qui criaient à des milliers d'étudiants afro-américains : « Black Power ! Black Power ! » et le public répondait par des clameurs enthousiastes. J'en eus la chair de poule. Je me dis : « Ces gens tueraient Maman ». Mais celle-ci ne sembla guère s'en émouvoir. « Si cela ne t'empêche pas d'aller à l'église et de suivre tes études, agis à ta guise. Moi, ça ne me concerne pas. »

Elle ne tenait en effet qu'au respect absolu de son intimité, à celle du foyer, aux bons résultats scolaires et jamais elle ne se fia à autrui, quelle que fût sa race. Elle nous interdisait de révéler aux gens les détails de notre vie de famille, particulièrement aux représentants d'une quelconque autorité, enseignants ou assistantes sociales. Si on nous interrogeait sur notre foyer, nous devions répondre : « Je ne sais pas ». Durant des années, j'ai obéi à cette règle. La maison de Maman était un univers construit par elle ; en son absence le fils ou la fille aînée en était « roi » ou « reine ». À eux de commander, aux autres d'obéir. Nous nous pliions à la loi, nous transformions en courtisans, bouffons, poètes ou musiciens de cour, voire en esclaves. Il ne fallait pas jouer dans la rue et lorsque l'un de nous parvenait à s'échapper, il gardait en tête certaine recommandation maternelle : « Gare à tes fesses si tu n'es pas rentré avant la nuit. » Il nous en cuisait en effet. N'empêche que j'ai souvent bravé le danger, me glissant chez nous à la tombée du jour, refermant doucement la porte, espérant que Maman serait partie au travail et la découvrant soudain debout devant moi, les mains aux hanches, brandissant une ceinture, prête à la transformer en fouet. Ses yeux brûlants de colère allaient de la fenêtre au coupable, évaluant ce qui restait de lumière. « Il fait encore clair », balbutiais-je, tandis que mes frères et sœurs se pressaient derrière elle pour assister au châtiment.

« Tu trouves ? me lançait-elle, désignant la rue.

– Il fait presque noir, glapissait une voix à l'arrière-plan.

– Non, tout à fait noir », renchérissait une autre, réprimant une envie de rire.

Si j'avais de la chance, les cris d'un bébé retentiraient à cet instant et elle se précipiterait dans cette direction, abandonnant au passage la ceinture à la poignée de la porte. « Ne recommence pas », me menacerait-elle avant de disparaître. Ouf, j'étais un homme libre.

Quand bien même le *Black Power* l'aurait intéressée, le temps lui manquait pour en discuter. Elle travaillait par roulement à la Chase Manhattan Bank, à un poste de dactylo. Chaque jour, elle quittait la maison à trois heures de l'après-midi pour y revenir vers deux heures du matin. Inutile donc de compter sur elle pour jouer ou pour vous aider à résoudre une crise d'identité. Avec mon père, elle avait imprégné le foyer d'un curieux mélange de méfiance et de morale, qui provenait à la fois de ses racines de juive européenne et des lointaines origines africaines de son mari américain. Mon père, Andrew McBride, prêtre baptiste, soupçonnait les gens de voir d'un mauvais œil une famille de sang mêlé. Il tenait mordicus à ce que ses enfants suivent le droit chemin, ne gaspillent pas leur argent et s'en remettait pour le reste à la providence divine. Quand il mourut, Maman épousa mon beau-père, Hunter Jordan, qui, fidèle aux principes du disparu, comptait sur l'Église et sur l'éducation pour guider nos pas. Maman n'avait d'autre modèle que celui d'un foyer de juifs orthodoxes et, malgré les contradictions de sa nature indomptable, ses angoisses, son impétuosité, l'importance qu'elle accordait à l'argent, sa misanthropie, sans parler des sombres souvenirs de la tyrannie paternelle, son exemple nous enseignait de solides valeurs : le goût de l'effort, la lucidité, l'ambition, la méfiance à l'égard des pouvoirs établis et bien sûr la foi en Dieu et le respect de l'éducation. Mes parents n'étaient pas matérialistes. À leurs yeux, la fortune sans la culture n'avait guère de sens. C'étaient le savoir et la religion qui nous permettraient de sortir de la pauvreté. L'avenir le confirmera.

Pourtant, sur nos visages, dans notre peau, s'inscrivaient les conflits à venir et, pour en triompher, il fallait regarder plus loin que nos parents. Les contradictions de Maman se heurtaient les unes aux autres comme les autos tamponneuses de Coney Island. Elle devinait que, consciemment ou pas, les Blancs étaient mal disposés envers les Noirs, mais elle ne tarda pas à nous forcer à fréquenter des écoles blanches dont le niveau était supérieur. Sans doute pouvait-on davantage se fier à l'amitié des Noirs, malheureusement ils manquaient d'ambition. La plupart des gens riches ne lui inspiraient qu'antipathie mais elle avait toujours besoin d'argent. Elle ne supportait aucune espèce de racisme et méprisait les bourgeois noirs qui s'acharnaient à imiter les parvenus blancs qui, par exemple, recouvraient leur divan d'un plastique protecteur ou buvaient leur café le petit doigt en l'air.

« Les imbéciles ! » ricanait Maman.

Elle n'avait que dédain pour les parents qui se vantaient des succès scolaires de leur progéniture mais elle exigeait de nous les meilleures notes. Elle refusait d'être assistée de quelque manière que ce fût, bien que nous en ayions grand besoin, mais s'affirmait solidaire de tous les miséreux. Elle manifestait une préférence marquée pour le petit peuple laborieux qui logeait dans les immeubles communautaires de Brooklyn, ouvriers du bâtiment, vendeurs de beignets, âmes en peine qui se réfugiaient à l'église et seraient ses amis, sa vie durant. C'est avec cette piétaille que mon père fonderait la New Brown Memorial Baptist Church, une petite église en devanture d'un immeuble décati dans un des quartiers les plus misérables et dangereux de New York. Cette église serait une fois pour toutes chère au cœur de ma mère. Aujourd'hui encore, elle profite de la moindre occasion pour se lever à l'aurore, sauter dans le train qui relie sa maison du New Jersey à Manhattan, puis par le métro, elle gagne Brooklyn où elle se promène dans les grands ensembles comme le pape en visite, seule Blanche à des kilomètres à la ronde. Elle détourne la tête pour ne pas voir les drogués, serre les mains des amis et pénètre dans le hall du 80 Dwight Street où de jeunes gommeux en survêtements sportifs écarquillent les yeux devant cette vieille dame blanche, aux jambes arquées, avec son cardigan rouge et ses chaussures de tennis, qui grimpe lentement trois étages d'un escalier puant l'urine pour se rendre chez son amie, Mrs. Ingram, à l'appartement 3 G.

Enfant, je m'étonnais souvent de l'aisance des rapports que ma mère entretenait avec les Noirs. La plupart des Blancs que je connaissais redoutaient les gens de couleur. Les journaux que je lisais, surtout à la rubrique sportive, reprochaient à Cassius Clay de se faire appeler Mohammed Ali et n'hésitaient pas à chercher noise à d'autres champions, comme Bob Gibson qui était mon dieu. Mais je n'avais nul besoin de la presse pour interpréter les regards que nous lançaient les Blancs quand nous accompagnions Maman dans le métro. Leurs yeux signifiaient : « Vise-moi cette bonne femme avec tous ces négrillons. » Je me souviens de deux femmes noires qui nous désignèrent du doigt et ricanèrent : « Voilà une pute blanche » et je n'oublierai jamais le Blanc qui traita Maman de « pouffiasse à nègres ». Ma mère ignorait ces insultes avec autant de style qu'un grand boxeur esquive les coups mais si on touchait à ses enfants, elle se hérissait comme un chat de gouttière, prête au combat. Quand Malcolm X, un diable aux yeux des Blancs, fut tué, je lui demandai ce qu'elle pensait de lui. « C'était un homme en avance sur son temps », répondit-elle. Elle avait de la sympathie pour lui et le rangeait dans la même catégorie que les militants des droits civils, ses héros, Paul Robeson, Eleanor Roosevelt, Martin Luther King, et les Kennedy, tous les Kennedy. Que Malcolm X ait vu dans les Blancs l'incarnation du mal ne la gênait pas : il s'adressait à d'autres qu'à elle. La lutte des Noirs américains, les victoires qu'ils remportaient, étaient siens. Il lui arrivait de parler des Blancs comme si elle n'avait eu aucun rapport avec eux, ce qui était d'ailleurs le cas puisque le cercle de ses amis comportait une majorité de vieilles dames noires et pieuses. « Mais qu'est-ce que ces Blancs ont dans la tête ? grommelait-elle parfois en lisant les faits divers du *New York Daily News*. En voilà qui se disputent l'argent d'un parent mort. Je parie qu'ils ne se souciaient pas du pauvre homme quand il était en vie. Non mais, écoutez-moi cette veuve qui tempête ! Calme-toi, ma chère, tu as eu ta chance, maintenant il n'est plus là et l'argent ne te le rendra pas. Il faut te faire une raison. » Après quoi, elle se tournait vers nous pour imposer son immuable moralité : « À quoi bon l'argent si vous n'avez rien dans le crâne ? » et elle concluait : « J'ai l'impression que le monde est fou, ou peut-être est-ce moi... Oui, à la réflexion, ce doit être moi. »

Je partageais cette opinion. Aucune personne à ma connaissance ne prenait le métro à Manhattan à une heure du matin et ne s'endormait jusqu'à l'arrêt à Queens, quarante-cinq minutes plus tard. Souvent, je ne pouvais pas fermer l'œil avant d'avoir entendu la clé maternelle dans la serrure. Ce mépris du danger atteignait le maximum quand ma mère se trouvait avec des Noirs parmi lesquels elle se détachait comme le nez au milieu du visage et offrait donc une cible idéale aux pickpockets. Aujourd'hui je comprends que sa foi en Dieu lui servait d'armure mais enfant, je ne me fiais pas à la protection divine. Un jour, par exemple, Maman m'emmena à Harlem rendre visite à ma demi-sœur Jacqueline, surnommée Jack, que mon père avait eue d'un premier mariage et que je considérais comme une tante. Elles bavardèrent jusqu'à la tombée du jour tandis que Jacqueline préparait des macaronis au gratin, des patates douces, des quantités de gâteaux secs pour nous. « Tu donneras ça à tes gosses », dit Jack. Quand tout fut emballé dans des sacs, nous reprîmes le métro mais à l'arrêt du bus, dernière section du voyage, deux Noirs encadrèrent Maman et l'un saisit son sac à main. Nos colis de macaronis, patates douces, etc. tombèrent sur le sol, la nourriture se répandit partout tandis que Maman, cramponnée à la bride, tournoyait sur elle-même et que son agresseur muet refusait de lâcher prise. J'assistais, pétrifié d'horreur, à ce numéro de danse qui s'acheva par la victoire du voleur. Il s'enfuit avec son copain plié en deux de rire et Maman mordit la poussière. Elle se releva, s'épousseta et nous reprîmes calmement le chemin de la maison.

« Ça va ? » me demanda-t-elle au bout d'un moment.

Je hochai la tête, incapable de parler tant je tremblais encore. Tout ce que Jacqueline nous avait préparé gisait dans le ruisseau.

« Pourquoi n'as-tu pas crié ? demandai-je dès que la voix me revint.

– Ce n'est jamais qu'un sac, répondit-elle. On ne va pas s'en faire pour ça, rentrons chez nous. »

Cet incident renforça ma conviction que Maman courait de grands dangers. Chaque été, nous partions en colonie de vacances avec d'autres gosses des quartiers pauvres. Mes frères et sœurs les plus chanceux étaient hébergés dans des familles, mais moi j'allais dans un camp où l'on nous entassait, dix par bungalow, pour deux semaines. Ces logements tenaient de la prison ou des cages d'un zoo. Nous nous battions toute la journée, la nourriture était infecte, j'en bavais. Les gosses m'avaient surnommé « Pâlichon » à cause de ma peau plus claire que la leur. Malgré toutes ces épreuves, je finis par prendre goût aux vacances. Quand je partis pour la première fois, Maman m'accompagna au point de ralliement, dans un quartier jadis peuplé de juifs et de petits bourgeois blancs mais aujourd'hui occupé par des Noirs, et naturellement, la seule Blanche en vue était ma mère. Les organisateurs du camp nous alignèrent contre le mur et nous demandèrent d'enlever nos souliers et nos chaussettes afin de vérifier que nous n'avions pas de champignons entre les orteils. Ils s'assurèrent ensuite que nous avions été vaccinés contre la rougeole, la variole, etc., puis nous dirigèrent vers le bus jaune qui nous conduirait au bout du monde, à l'autre bout de l'État de New York. Installé à ma place, je fixai par la fenêtre le visage clair de Maman, qui se détachait parmi la nuée de faces sombres. Soudain, je vis arriver un grand Noir, avec une moustache, une barbichette, coiffé d'un béret noir, portant un pantalon de cuir noir et des bijoux un peu partout, un homme d'une allure à couper le souffle. Il était flanqué d'un enfant très élégant lui aussi, son fils sans doute. Le moustachu rangea la valise dans le coffre arrière puis, au lieu d'embrasser le garçon, lui tendit la main et ils exécutèrent ensemble un incroyable numéro; s'enlaçant les doigts, les pouces dressés dans un sens, l'index dans l'autre, leurs poignets tournèrent comme des manivelles dans un bruyant tintement de bracelets. Le moulinet dura cinq bonnes minutes. C'était le salut des Panthères noires et j'en restai confondu d'admiration ; tout le bus béait avec moi. Pour finir, l'enfant monta à bord un peu essoufflé et s'assit derrière moi. On claqua les portières et, sur le trottoir, son père et ma mère nous adressèrent des signes d'adieu.

« Où as-tu appris ce genre de poignée de main ? demandai-je au gosse.

– Avec mon père. Il est membre des Black Panthers », répondit-il fièrement.

Le moteur gronda tandis que je cédai à la panique. Une Panthère noire ! Et juste à côté de Maman ! Mon plus affreux cauchemar se réalisait. Je ne connaissais pas grand-chose aux Black Panthers mais leur réputation me suffisait. Quand le bus s'ébranla, j'essayai d'ouvrir la vitre pour avertir Maman mais on avait bloqué les fenêtres. Je me précipitai à une autre place, un moniteur m'attrapa par la taille et me força à me rasseoir.

« Je dois dire quelque chose à ma mère, l'implorai-je.

– Écris-lui une lettre », répliqua-t-il.

Je sautai sur le siège du fils de la Panthère noire, dont la fenêtre était entrebâillée. Aussitôt, le moniteur me saisit par le col pour me ramener à ma banquette.

« Maman ! Maman ! » hurlai-je derrière la

vitre close. Le bus s'éloignait, ma mère agitait toujours la main. Je m'égosillai : « Attention à lui ! » Peine perdue, elle ne pouvait pas m'entendre. J'aperçus la Panthère noire qui adressait à son fils de joyeux signaux. L'homme n'avait pas l'air de se soucier de ma mère ni elle de lui, bientôt je les perdis de vue. Je me retournai alors vers le fils de la Panthère et lui décochai un coup de poing en pleine figure. Le gosse me dévisagea stupéfait puis se frotta la mâchoire et fondit en larmes.

5

L'ancien testament

Mon père était un prêtre itinérant, pareil aux autres prêcheurs sauf qu'il était rabbin. Il ressemblait à tous ces charlatans qu'on voit aujourd'hui à la télé mais lui prêchait dans les synagogues et n'essayait pas d'embobeliner le monde. Il était dur comme un caillou et les congrégations juives ne tardaient pas à lui demander d'aller prier ailleurs. Durant ma jeunesse, j'ai donc beaucoup voyagé. À cette époque, n'importe quel juif orthodoxe qui affirmait être rabbin pouvait prêcher et célébrer les cérémonies religieuses. En général, ces types n'étaient bons à rien d'autre. Il n'existait pas alors autant de métiers qu'aujourd'hui. Gagner sa vie, c'était l'essentiel et l'on pouvait toujours espérer que la lecture de l'Ancien Testament nourrirait son homme.

Toute l'existence d'un juif orthodoxe reposait sur des contrats, du moins dans ma famille. Il fallait un contrat pour se marier, pour prêcher, pour n'importe quoi. L'argent décidait de tout, nous ne pouvions compter que sur lui, nous qui n'avions ni terre, ni racines. Mon père signait un contrat avec une synagogue qui ne le renouvelait pas et, au bout d'un an, il lui fallait remballer ses affaires et chercher fortune dans une ville voisine. Nous avons vécu dans tant d'endroits que je ne pourrais te les énumérer, à Glens Fall dans l'État de New York, à Belleville dans le New Jersey, à Springfield dans le Massachussets. Je me souviens de Belleville parce quelqu'un nous y a donné de vieux habits ; la congrégation nous payait souvent ainsi, en nous offrant un toit, de la nourriture, des vêtements usagés. En 1924, quatre ans après moi, ma sœur Gladys est née à Springfield. J'ignore si elle vit encore. Si oui, ce serait le dernier enfant de ma mère qui ne soit pas mort, sauf moi bien sûr.

Nous emportions tous nos biens de ville en ville, nos frusques, nos livres et ces gros édredons que ma mère avait ramenés d'Europe et qui étaient remplis de duvet d'oie. Ils étaient aussi chauds qu'une maison ; ma sœur et moi nous avons toujours dormi pelotonnées dessous. Notre famille ne manquait pas d'attirer l'attention. Nous étions pauvres, juifs, ma mère était infirme. J'avais conscience de ces handicaps et honte de ma mère. C'est le christianisme qui m'a ouvert le cœur.

Il y eut parfois des moments de répit pendant lesquels mes parents faisaient la paix. À Glenn Falls par exemple, nous logions au-dessus d'une épicerie juive dont les propriétaires nous donnaient des gâteaux et des pommes, nous jouions avec une luge, tout allait bien. Mais comme d'habitude la synagogue ne renouvela pas le contrat de papa et nous dûmes partir. Il trouva un point de chute à Suffolk, en Virginie, et il annonça à Maman : « Nous descendons dans le Sud. » Elle n'en avait aucune envie, ses sœurs et sa mère habitaient New York, mais mon père ne voulut rien entendre et nous prîmes la route.

Suffolk n'était encore qu'une toute petite ville, divisée entre Noirs et Blancs par la voie de chemin de fer. Il n'y avait que quelques boutiques et cinémas dans la rue principale. Les gens guettaient la venue des spectacles en tournée. On put ainsi admirer un jour une baleine empaillée dans un gigantesque bocal de verre. Elle eut un vif succès, comme tout ce qui sortait de l'ordinaire, sauf les juifs qui étaient mal vus. À l'école, les gosses me reprochaient d'avoir tué le Christ et m'appelaient : « Bébé juif ». J'en souffris longtemps.

Papa, mon redoutable Tateh, travaillait à la synagogue mais il avait un œil fixé sur une vieille grange en ruines dans le quartier noir de la ville, où il envisageait d'ouvrir une épicerie. Cette ambition déplut aux fidèles de la synagogue. Non seulement leur rabbin prétendait se lancer dans le commerce mais chez les nègres en plus. Il tint bon et réussit à convaincre un ami juif, Israël Lévy, de lui signer un chèque qui lui permit d'acquérir la bâtisse. Il y construisit des étagères, un comptoir, et peignit sur une enseigne : « ÉPICERIE SHILSKY. » Le voilà lancé dans les affaires. Les Noirs le baptisèrent « le vioque » et se moquèrent derrière son dos de sa boutique minable, mais avec le temps il s'enrichit et les rieurs se turent.

Notre magasin de planches branlantes avait l'air de tenir debout grâce à des ficelles, de la colle et des épingles. En bas, il y avait la réserve pour les stocks, une chambre froide et une cuisine avec un poêle. Une cour s'étendait à l'arrière. Ma sœur Gladys, surnommée Dédée, et moi nous dormions à l'étage au-dessus, sous le même édredon. Souvent Maman couchait avec nous, laissant l'autre chambre à Papa et à mon frère Sam. Aucune tendresse n'unissait mes parents. Certes, Maman était une bonne épouse et une excellente mère. Malgré son infirmité, ses handicaps (elle n'y voyait que d'un œil et souffrait terriblement de l'estomac), elle exécutait plus de besogne avec son unique main valide que moi avec mes deux mains. Elle préparait des *matz balls*, de la carpe farcie, des boulettes de farine et d'œufs, du pudding aux pommes de terre, toutes les spécialités kascher. Elle m'apprit à hacher la viande et à mélanger les ingrédients sur une planche en bois. Elle demeura toujours fidèle à son mari et à toutes les traditions d'une épouse juive mais mon père ne l'aimait pas. Il n'hésitait pas à l'injurier ou à brocarder son infirmité. « Rien qu'à te regarder, ça me rend malade, lui disait-il. Inutile d'essayer de t'arranger, c'est sans espoir. » Il ne l'avait épousée que par intérêt, pour l'argent, pour s'établir en Amérique. Ce qu'il voulait, il l'a eu, mais à quel prix ! Il aura détruit sa famille.

Nous n'avions pas vraiment de foyer. Seule comptait la boutique, nous y travaillions de l'aube à la nuit, ma sœur et moi, et ne la quittions que pour aller à l'école. Dès trois heures de l'après-midi, Tateh se tenait sur la route, les mains aux hanches, en train de guetter ses gosses qui couraient le rejoindre. Aussitôt, il nous mettait à la tâche. Nous devions faire nos devoirs entre deux clients. L'épicerie ne fermait que le jour du sabbat, du vendredi au samedi soir, mais elle restait ouverte le dimanche et nous faisions de bonnes affaires ce jour-là ; nous avions même des clients blancs qui n'avaient aucun autre magasin où aller.

On vendait de tout chez nous, du charbon, du Coca-Cola, du lait en poudre, du kérosène, des boîtes de conserve et des cigarettes en paquet ou à la pièce. Nous avions aussi de la viande dans notre réfrigérateur ; nous la coupions en petits morceaux qui coûtaient quinze *cents* chacun. Le réfrigérateur était assez grand pour qu'une personne y tînt à l'intérieur mais je n'y pénétrai jamais. Je ne supporte pas qu'une porte se referme sur moi, je te l'ai dit, je suis claustrophobe. Toute petite déjà, j'avais besoin de bouger. Pour me détendre, il n'y avait que la course. Quelquefois, quand Papa n'était pas à la maison, je m'élançais et galopais jusqu'à la voie ferrée qui séparait les Noirs et les Blancs. J'aimais sentir le vent dans mes cheveux et découvrir de nouveaux horizons.

J'avais aussi des raisons personnelles de

m'enfuir. Mon père se conduisait avec moi d'une façon qui me faisait honte et je ne pouvais me confier à personne. Parfois la nuit, il se glissait dans mon lit et quand nous allions à la plage de Portsmouth, il me rejoignait dans l'eau sous prétexte de m'apprendre à nager et il me serrait contre lui jusqu'à ce qu'il ait une érection. « Est-ce que tu fais des progrès ? » me demandait Maman à notre retour sur la plage. « Oui, Maman », répondais-je, sentant peser sur moi le regard paternel. Seigneur, quelle peur j'avais de mon Tateh !

Et je n'éprouvais naturellement aucun amour pour lui. Je ne respirais que lorsqu'il quittait la maison. Nos rapports m'avaient salie, déshonorée ; il me fallut beaucoup de temps pour me guérir. Maintenant encore je ne supporte pas que quelqu'un essaye de me dominer ou de m'impressionner ; cela me rend nerveuse. Si je te raconte tout ça, c'est parce que tu es mon fils et que tu m'as demandé de te dire la vérité.

Mais je sais qu'il y aura des gens pour comprendre de travers. Je les entends d'ici. « La pauvre, elle avait perdu l'estime de soi, voilà pourquoi elle a épousé un nègre. » Qu'ils disent ce qu'ils veulent, ils ne changeront rien à la vérité, n'empêcheront pas ton père d'avoir transformé ma vie. Il m'a parlé d'un Dieu qui me pardonnait, m'innocentait. Si je n'avais pas rencontré Dennis, je me serais prostituée, mais grâce à lui et à la religion, je suis née une seconde fois. Bien sûr, mes malheurs ne venaient pas du fait que j'étais juive. Il y avait parfois de bons moments, grâce à ma mère surtout, par exemple quand elle se lançait dans le grand nettoyage de Pâques, qu'elle sortait les plats spéciaux, qu'elle disposait sur la table les œufs durs, les galettes de pain azyme et d'autres mets traditionnels. Nous laissions un siège vide car les juifs attendent toujours la venue du Messie. Mais il ne nous rendit pas visite ; il fuit les maisons où les pères entrent dans le lit de leur fille pendant qu'elle dort. À son réveil, la pauvre se demande si elle a fait un cauchemar, toujours le même, et dont la lumière du jour ne la délivrera pas.

6

Le nouveau testament

Maman adorait Dieu. Elle allait à l'église chaque dimanche et, seule femme blanche de l'assistance, elle entonnait les hymnes d'une voix qui tenait des grincements d'une boîte de vitesse forcée et des crissements d'une paille de fer nettoyant une casserole. Mes frères et sœurs et moi ne pouvions nous empêcher de rire derrière notre main tandis qu'elle clamait : « Plus près de toi, Seigneur » et que les notes la portaient à une altitude vertigineuse. C'était si atroce que je m'attendais à voir le révérend Owen, notre prêtre, s'interrompre pour l'arrêter. Mais il demeurait assis derrière sa chaire, les yeux clos, en proie à une extase mystique, comme s'il allait s'envoler lui aussi dans sa longue robe bleue, avec son étole blanche. Soudain, une note particulièrement stridente le faisait tressaillir comme si on lui avait versé de l'eau froide dans le dos. Un de ses yeux s'ouvrait, parcourait l'assistance, repérait Maman et il hochait la tête, l'air de dire : « Oh ce n'est que sœur Jordan », puis il se replongeait dans ses méditations.

Selon les circonstances, Maman adoptait le nom de son premier ou de son second mari, c'était Mrs. McBride ou Mrs. Jordan, mais pour le révérend Owen, elle était une fois pour toutes « Sœur Jordan ». « Voilà sœur Jordan avec sa troupe. Ma parole, ça fait du monde », se plaisait-il à dire quand Maman lui amenait six ou sept d'entre nous. Nous trouvions cette remarque désopilante. C'était lui qui tenait l'école du dimanche mais il exerçait aussi la profession de coiffeur et nous coupait les cheveux chaque mois, dès que nous étions assez grands pour refuser le bol que Maman nous posait sur la tête afin de nous enlever toutes les mèches qui dépassaient. Pour sa part, le révérend s'enorgueillissait d'une coiffure à crans qui rutilait de brillantine. C'était un homme mince, élégant, toujours vêtu d'un costume de soie artificielle. Il ne lisait pas très bien (à douze ans, je m'en tirais mieux que lui) et s'évertuait à dissimuler son problème, luttant contre le texte comme un possédé. « Aujourd'hui, nous lirons le verset... », annonçait-il du haut de sa chaire, puis il feuilletait sa Bible en quête du passage choisi. Il posait le doigt dessus et s'exerçait à prononcer les mots en silence, on n'entendait que la pendule ; ma sœur Helen qui était chargée du piano, réprimait de justesse son fou rire, ma mère la fusillait du regard et dressait le poing dans sa direction, lui promettant une fessée de première après le service.

Enfin, le sermon du révérend Owen s'ébranlait comme un petit train à vapeur, accélérait peu à peu, se transformait en bolide en entraînait les fidèles sur les montagnes russes de la foi. « Il est écrit que..., commençait le révérend, s'interrompant en quête d'un second souffle, Que... JÉSUS (« Amen », répondait l'assistance) est venu parmi nous... (« Alléluia », criait l'assistance). PARMI NOUS ! (les alléluias retentissaient à nouveau) et qu'il est entré comme un roi à JÉRUSALEM, AMEN » (« Amen », répétait toute l'église). À partir de ce moment, les amen se multipliaient, se précipitaient comme des salves d'artillerie. « En vérité je vous le dis, amen, si vous allez à Dieu comme il est allé à vous, vous entrerez dans son Royaume, AMEN, pour l'éternité, AMEN ! AMEN ! AMEN ! Que répondez-vous ?

– AMEN », s'époumonnaient les fidèles.

Et debout dans l'aile, dans sa robe bleue du dimanche, sœur Jordan souriait aux anges, les mains en l'air, comme les autres. Elle s'épanouissait à l'église, n'importe quelle église, fût-ce celle du révérend Owen qui n'était certes pas son prêtre favori. Le bouche à oreille prétendait qu'il avait quitté sa femme ou qu'elle l'avait quitté : nous n'avons jamais su exactement ce qu'il en était. Pour Maman qui s'y connaissait en prêtres aussi bien qu'un taste-vin français en grands crus, il ne faisait pas le poids malgré son dynamisme. Elle gardait un souvenir fervent des prêcheurs noirs du Sud, ces hommes archaïques qu'elle avait vus jadis déchaîner des tempêtes mystiques dans l'assistance. Ils ne vivaient que pour et par Dieu, indifférents à la politique ou aux trivialités quotidiennes, réchauffant les fidèles de leur rayonnante sympathie. « Ton père, me disait-elle souvent, aurait donné son dernier centime au premier venu. » Elle préférait les petites églises aux grandes et n'approuvait pas les excès d'émotion. Le révérend Owen en faisait parfois un peu trop à son goût mais elle lui savait gré de lui rappeler les prêches de sa jeunesse. Les services avaient lieu dans une petite bâtisse de briques, en retrait du trottoir. Sur la façade, une pancarte indiquait : « OUVERTE À TOUS, ÉGLISE BAPtiste ». Faute de place, l'artiste était passé des majuscules aux minuscules.

Jamais je n'ai surpris Maman en état d'extase, Dieu soit loué. Quand l'Esprit saint envahissait les gens, ils perdaient tout contrôle d'eux-mêmes. Il s'agissait souvent de grosses dames que je connaissais et aimais. J'étais gêné pour elles quand, sous l'emprise du Seigneur, elles sautaient au plafond en glapissant : « Oh ouiiii ! » les bras tendus. Puis elles se mettaient à danser entre les chaises, ondulaient comme la panthère rose des dessins animés, se trémoussaient, trépignaient, balançaient leur sac d'un côté, leur chapeau tombant de l'autre. Parfois quelque vieux diacre, assisté de deux ou trois personnes, devait se cramponner à elles pour leur éviter des accidents. Nous regardions avec respect et inquiétude ces possédées qui clamaient : « Jésus ! Jésus ! » tandis que le révérend Owen scandait ses : « AMEN ! » Je ne comprenais pas pourquoi Dieu se manifestait avec une telle violence chez certaines élues (plus tard, je n'attribuai plus ces épanchements aux seuls effets de la grâce), mais je n'en étais que plus convaincu de la toute puissance du Seigneur. Il obtenait de ma mère quelque chose qu'aucun être au monde n'avait jamais obtenu en ma présence : des larmes. Elle les versait d'ordinaire lorsqu'on entonnait un de ses hymnes préférés : « Le Seigneur est mon berger » ou « Plus près de toi, mon Dieu ». Alors, elle baissait la tête et se mettait à pleurer. Un jour, au sortir de l'église, je lui demandai : « Pourquoi pleurais-tu ?

– Parce que Dieu m'apporte la joie, me répondit-elle.

– Mais alors, pourquoi tu pleures ?

– Je te l'ai dit : parce que je suis heureuse. Tu ne comprends pas ?

– Si. »

Mais cela me paraissait étrange. D'après mon expérience, les gens heureux ne pleuraient pas, les larmes de Maman devaient provenir d'un endroit situé dans son passé où elle ne laisserait pénétrer personne. Je sentais qu'elle avait une blessure secrète et je me disais qu'elle souffrait sans doute de ne pas être noire, comme tout le monde à l'église. Un autre jour, je lui demandai si Dieu était noir ou blanc.

« Ni l'un, ni l'autre, répliqua-t-elle agacée. Dieu est pur esprit.

– Mais que préfère-t-il, les Noirs ou les Blancs ?

– Il aime tout le monde. C'est un pur esprit, je te dis.

– C'est quoi un pur esprit ? Quelle couleur ça a ?

– Aucune couleur. Dieu est semblable à l'eau qui n'en a pas. »

Rien à opposer à cet argument massue qui aujourd'hui encore me paraît sans réplique. Mais mon frère aîné, Richie, ne mangeait pas de ce pain-là. Dans nombre de domaines, il avait été mon modèle et mon initiateur. Quand il atteignit ses quatorze ans, il cessa de me brimer, humilier, molester, pour mener sa propre barque et acquérir une flamboyante personnalité. Très vite, ses dons exceptionnels pour le saxo lui valurent d'être admis à l'École supérieure de musique, à Manhattan, et il décida de se consacrer au jazz.

Il paradait alors dans un blouson de cuir, le chef couvert d'un feutre rond. Son groupe de musiciens absorbait le plus clair de son temps, au vif dépit de Maman qui considérait qu'il négligeait ses études. La racaille du quartier l'avait surnommé : « Bibi » à cause de son chapeau, et elle lui témoignait un profond secret ; les filles, elles, lui faisaient de l'œil, et lui, obnubilé par ses talents créateurs, se taillait sa propre voie sans se soucier du jugement d'autrui, à commencer par celui de Maman. Près de chez nous, se dressait une grosse pierre qui commémorait je ne sais plus quel événement historique. Un matin, Maman remarqua qu'on l'avait peinte en rouge, vert et noir, les couleurs du mouvement de libération des Noirs. « Je me demande qui a fait ça », dit-elle. Je le savais mais pas question de dénoncer Richie.

Comme à tous mes frères et sœurs, les couleurs de la peau me posaient problème. Richie seul ne s'en inquiétait pas. Il avait décidé d'être vert comme l'un des personnages d'une bande dessinée. Dans les jeux qu'il inventait, il tenait le rôle du monstre. Quand, par exemple, il me trouvait en train de manger un sandwich au saucisson, il m'ordonnait d'une voix rauque : « Donne-moi un morceau, tout de suite, où je vais devoir me fâcher. DONNE ARRHHG ! » et il retroussait ses babines dans une grimace de cannibale. Soit j'engouffrais mon sandwich sur-le-champ, soit je me hâtais de capituler.

Un matin, à l'école du dimanche, Richie leva la main et interrogea le révérend Owen : « Jésus était-il blanc ?

– Non, dit le révérend.

– Alors pourquoi l'est-il sur cette image ? insista Richie en brandissant son livre.

– Jésus est de n'importe quelle couleur.

– Alors pourquoi est-il blanc ici ? riposta Richie, désignant l'image à toute la classe. Comment le voyez-vous, vous autres ? »

Aucune voix ne répondit. Le révérend Owen, très ennuyé, s'essuyait le visage avec son mouchoir et se raclait la gorge comme lorsqu'il commençait un prêche : « Ma foi... Eh bien...

– Laisse tomber, chuchotai-je à Richie sur qui se braquaient tous les regards comme s'il était devenu fou.

– Non, riposta-t-il. Si ça c'est un portrait de Jésus et s'il n'est ni blanc, ni noir, il faut le colorier en gris. Oui, Jésus devait être gris. »

À la suite de cet incident, il abandonna l'école du dimanche malgré les reproches de Maman, mais il respecta toujours la religion.

Notre mère tirait beaucoup de fierté des relations particulières que la famille entretenait avec le Seigneur. À chaque fête de Pâques, les uns jouaient d'un instrument de musique à l'église, les autres récitaient un passage de la Bible, face à tous les fidèles. Maman s'en réjouissait à l'avance, alors que, comme mes frères et sœurs, je haïssais ces performances et attendais la dernière minute pour apprendre l'extrait biblique que l'on m'avait attribué. Heureusement, j'avais une bonne mémoire, contrairement à mon frère Billy, d'un an mon aîné, qui parviendrait pourtant un jour à entrer à l'école de médecine de Yale. Mais à l'église, il se couvrait de ridicule. Il surgissait sur scène en costume-cravate et bredouillait : « Lorsque Jésus arriva... ». Au bout de trois mots, il s'arrêtait pile, suant de panique, lisant dans nos yeux ironie et compassion.

« Courage, tu t'en sortiras, lui soufflait à l'oreille mon parrain qui servait de diacre. Essaye encore une fois.

– O.K., disait Billy avalant sa salive. Quand Jésus arriva... à... ça va me revenir, à Jérusalem. Il..., un instant... »

Il fixait le plafond dans l'espoir d'y déchiffrer le texte qu'il avait parcouru juste avant le service. Des murmures s'élevaient dans l'assistance et Maman esquissait des gestes de colère.

« Si tu as oublié ce verset, récite-nous en un autre, lui suggérait mon parrain.

– N'importe lequel ? demandait Billy.

– Celui que tu voudras.

– O.K., répondait Billy rasséréné. Jésus a pleuré. »

Là-dessus, il regagnait sa place dans un silence de mort.

« Amen », lançait mon parrain.

La cérémonie terminée, il se tenait sur le parvis que nous franchissions à la suite de Maman.

« N'en fais pas une histoire, Ruth, lui disait-il. Tout va très bien comme ça.

– Non, répliquait-elle. Tout ne va *pas* très bien. »

Et elle pressait le pas, impatiente de ramener le coupable à la maison pour le fesser.

7

Sam

Notre boutique se trouvait à un croisement à l'écart de la ville, sur une colline en pente douce. Depuis le seuil, on apercevait sur la droite les immeubles, les rails du chemin de fer et les grands magasins. En face de nous, se dressaient la prison, le palais de justice, et s'amorçait la route qui menait à Norfolk. À gauche, on distinguait les abattoirs et les quais de la rivière, la Nansemond, qui passait sous le pont de la rue principale. De grands bâtiments sombres bordaient les quais. Des bateaux venus de très loin faisaient escale ici, parfois pour des réparations. Souvent des marins entraient dans notre boutique et nous invitaient, ma sœur Dédée et moi, à visiter leur bateau. « Non merci », répondait aussitôt ma mère. Elle ne comprenait pas un mot de ce qu'ils disaient mais dès qu'ils nous suggéraient de les accompagner, elle bondissait de sa chaise et apostrophait les étrangers. « Non, non, allez-vous-en. Petites, dites-leur de s'en aller », nous ordonnait-elle en yiddish. Pas un instant, elle ne nous quittait des yeux.

Au carrefour près de chez nous, il y avait beaucoup de circulation, enfin beaucoup pour l'époque, plus de deux ou trois voitures par jour, mais aussi des fermiers qui conduisaient leur charrette tirée par une mule, des camions militaires en route pour la base de Norfolk, des colonnes de prisonniers enchaînés. Un matin, j'ai vu passer devant chez nous des voitures pleines d'hommes coiffés de capuchons blancs avec deux trous pour les yeux et emmitouflés dans des sortes de draps. Ils roulaient dans de vieux cabriolets, deux à l'avant dans la partie découverte, deux à l'arrière ; les voitures se suivaient comme pour un défilé.

« Qu'est-ce que c'est ? m'a demandé ma petite sœur.

– Le Ku Klux Klan », ai-je répondu.

Je ne savais pas exactement ce que signifiait Ku Klux Kan mais j'avais remarqué que nos clients noirs rasaient les murs et se hâtaient de rentrer chez eux quand le Klan se montrait. Libre à lui de parader dans la rue principale, personne ne lèverait le petit doigt. Une odeur de mort flottait dans l'air. J'avais entendu dire qu'on retrouvait parfois un pendu ou un noyé dans son sillage et je n'étais pas trop rassurée. Dans le Sud, on n'aimait pas beaucoup les juifs non plus et les hommes à capuchon étaient capables de tout lorsqu'ils avaient bu. « Pour si jamais... », Papa gardait un revolver chargé sous le comptoir, près de la caisse. Il le nettoyait plus souvent que ses pantalons et comptait sur lui pour défendre l'argent de la boutique. Il se méfiait de tout le monde, surtout des Noirs qu'il soupçonnait de le voler. Assis près de ma mère, il lui disait en yiddish : « Tiens les noirauds à l'œil. » Lui, roulait allègrement ses clients, multipliait par dix ou par cent les prix de certaines marchandises, imposait à ses débiteurs des intérêts incroyables.

Je craignais toujours que son revolver ne partît pendant qu'il le graissait. Malgré la peur que m'inspirait mon Tateh, je redoutais qu'il se blesse. Près de chez nous, habitait une certaine Mrs. Brown, une dame blanche dont un des doigts, celui du milieu, était tout déformé. En ce temps-là, les gens attrapaient des tas d'infection et perdaient leurs doigts comme leurs dents. Maman eut des fausses dents avant Papa; on comprenait mal quand il parlait. Mais pour en revenir à Mrs. Brown, une des rares personnes du Sud qui se montra gentille avec moi, elle avait deux enfants, un garçon nommé Simon, un alcoolique qui fut égorgé un soir par un copain de beuverie, et une fille, Marilyn, qui travaillait en ville. Un jour, son patron se tua en nettoyant son revolver et Marilyn fut obligée d'enjamber le corps pour sortir. Ce fut un choc pour elle, je tremblai quand elle me raconta l'histoire et je me dis qu'en pareil cas, jamais je n'aurais le courage d'enjamber le corps de Tateh. Je sauterais par la fenêtre, je le planterais là, en proie aux mouches. Depuis, je ne supporte pas les morts ni les armes à feu. C'est pourquoi, j'interdis à mes enfants de jouer avec un revolver.

Autrefois, dans les années trente, les hommes n'hésitaient pas plus à tirer qu'à pêcher à la ligne. Les gens étaient pauvres, ils auraient fait n'importe quoi pour survivre. S'ils tombaient malades, que Dieu leur vienne en aide ! ils avaient toutes les chances d'en mourir. La tuberculose faisait rage et Maman avait peur pour nous ; un de ses frères avait succombé à une grippe infectieuse en Europe. Heureusement, la boutique nous rapporta bientôt assez d'argent pour consulter le docteur. Les Noirs, nos clients, achetaient de la poudre B.C. ; c'était leur aspirine, une poudre emballée dans de petits paquets bleus et blancs marqués B.C. qui, disait-on, soulageait les douleurs et remontait le moral. Bien sûr, il y avait de la cocaïne là-dedans. On prenait de la B.C. en toute occasion. Quand quelqu'un en consommait trop, on s'inquiétait car cela signifiait qu'il touchait à sa fin. On mourait si facilement jadis, c'était comme un faux pas, vous trébuchiez et vlan, il n'y avait plus personne.

Je voudrais que les gosses noirs d'aujourd'hui puissent voir comment vivaient les Noirs du Sud, ils ne le croiraient pas. En bordure de ville, s'alignaient des cabanes sans fondation, sans eau ni électricité, plantées le long de chemins de terre. Maman et moi traversions ces ghettos pour nous promener dans le bois. Les habitants ne se plaignaient jamais. À qui se seraient-ils plaints ? Aux flics ? Ils évitaient la police au maximum, peut-être la craignaient-ils, ou bien ils n'avaient pas d'illusion. Mais chaque dimanche, ces déshérités sortaient de leurs taudis en habits si pimpants que je ne les reconnaissais pas. Ils avaient la démarche fière, se saluaient entre familles, souriaient, heureux, comme s'ils se moquaient de leur misère. Oui, ils tenaient la tête haute, à croire qu'ils avaient un but dans la vie, et je m'en réjouissais. Mon père les détestait. Il insultait leurs enfants en yiddish et se gaussait des parents. « Non mais, regardez-moi ça ! Ils n'ont pas un sou en poche et ils rient tout le temps. » Lui entassait les dollars et ne riait jamais, nous non plus. À la longue, mon frère Sam ne supporta plus la vie au foyer et il s'enfuit.

C'était mon aîné de deux ans, un garçon trapu, avec une masse de cheveux, de gros sourcils, des jambes et des bras épais. Loin d'imposer son autorité de grand frère, il était paisible et docile. Maman l'adorait, il gardait ses distances avec Tateh qui lui inspirait une sacrée frousse. Chaque soir, après le dîner, Tateh nous obligeait, Sam et moi, à étudier l'Ancien Testament. Dédée était encore trop jeune pour ces leçons. Il lisait un passage et nous demandait de le répéter ; c'était souvent un extrait de l'Écclésiaste, son prophète favori. « Je dis dans mon cœur que Dieu jugera le juste et le pécheur car il y a un temps pour chaque chose... » Certains passages se sont imprimés dans ma mémoire. Pourquoi ? Pas par amour de Dieu. Par sens du devoir peut-être. Mon père étant rabbin, ses gosses devaient connaître l'Ancien Testament. Pourtant, Sam et moi détestions ces séances. Tateh n'avait aucune patience et s'interrompait parfois au milieu d'une phrase pour nous tirer l'oreille ou nous flanquer une claque si nous avions bâillé. Ses reproches nous faisaient plus mal encore. « Imbécile ! Tu n'as rien dans le crâne. Dieu ne veut pas de toi. » Il s'en prenait de préférence à Sam qu'il condamnait à peiner des heures sur des livres hébreux. Jamais il ne témoigna le moindre amour à son fils.

Comme l'exigeait la coutume, il fallait loger et nourrir les rabbins de passage. Tateh nous forçait en outre à leur montrer la ville et nous traînions derrière nous l'étranger, en général un vieillard radotant. Impossible de couper court à cette corvée. Tateh nous aurait lacéré le dos à coups de lanière.

Le pauvre Sam n'avait plus le temps de jouer aux dominos avec Dédée et moi. Tateh l'avait réduit en esclavage. Dès l'ouverture de la boutique, à sept heures, il y avait le bois à couper pour le poêle, les marchandises à ranger, la vache à sortir dans la cour, etc. Puis mon frère courait à l'école où il restait le plus tard possible afin d'avoir un peu de répit. Mais Tateh guettait son retour et le grondait. À un tel régime, les résultats scolaires devinrent de plus en plus mauvais, ce qui valut à mon frère de nouvelles humiliations. Il avait perdu toute confiance en lui et sa timidité l'empêchait de se lier d'amitié avec les autres garçons, sans compter qu'il n'avait pas le droit de fréquenter les chrétiens, c'était *aveyre*, une sorte de péché.

À treize ans, Sam célébra sa Bar Mitzah, sa photo

et celle de Tateh parurent dans le journal, Maman était fière de son fils. Ce fut, je crois, l'unique fois où je la vis sourire et il en fut tout heureux. Mais quelques années plus tard, aux environs de 1934, il disparut. Il envoya à Maman une lettre de Chicago, il l'avait écrite en anglais et je la traduisis pour ma mère qui ignorait cette langue. Sam annonçait qu'il allait bien et qu'il avait trouvé du travail dans un magasin. Comme il ne connaissait personne à Chicago, il s'était débrouillé tout seul. Maman s'alarma : « Écris-lui de revenir, me pria-t-elle. Dis-lui qu'on l'attend à la maison. » Je m'exécutai mais jamais nous ne reçûmes de réponse ni ne revîmes Sam.

Beaucoup plus tard, en 1957, j'appris qu'il s'était engagé dans l'armée et qu'il avait été tué pendant la Seconde Guerre mondiale. Je le découvris par hasard, peu après la mort de ton père. J'avais déjà sept enfants alors et j'étais enceinte de toi. Je téléphonai à une tante pour lui demander de l'aide et elle m'annonça la mort de Sam. Quand je voulus en savoir plus long, elle répondit : « Ça ne te regarde pas. Tu étais en dehors de tout ça, n'est-ce pas ? Eh bien, restes-y. » Après quoi, elle raccrocha. Il ne me restait plus qu'à prier pour mon frère Sam dont plus personne ne me parlerait jamais.

8

Frères et sœurs

Malgré la poigne de fer de Maman, le chaos régnait dans notre maison et moi, le huitième des douze, m'y sentais quelque peu perdu. Je n'étais ni le plus jeune, ni le plus beau, ni le plus malin. Dans un foyer où la nourriture était presque aussi rare que l'argent, chacun devait s'en tenir au statut que les autres lui accordaient. Je faisais partie des cinq petits, menu fretin que broyait à sa guise le moulin familial et que les grands, ceux à qui Maman avait délégué une partie de ses pleins pouvoirs, ne se gênaient pas pour ligoter, chatouiller, torturer. Tantôt ils m'ignoraient, tantôt ils m'infligeaient toutes sortes de sévices. Mais ils étaient mes supérieurs, avaient le droit de se coucher tard et en savaient tellement plus long que moi ! Ces fortes têtes ne croyaient même pas aux sorcières ni aux fées, c'est dire.

Bien sûr, ils étaient aussi mes meilleurs amis, sauf au moment des repas. Nous étions si nombreux qu'il n'y avait jamais assez de nourriture sur la table pour tout le monde et chacun pillait le frigo ou les armoires. Les plus chanceux cachaient leur butin, un bout de saucisson ou de gruyère, mais un rival tombait dessus et l'avalait. Des clans se formaient, fomentaient des complots, des traîtres vendaient la mèche à l'ennemi, la comédie virait à la tragédie. Au début, quand nous habitions dans un immeuble communautaire, Maman disparaissait le matin et revenait toujours chargée de beurre de cacahuette qu'une œuvre de charité avait distribué dans la cité. Nous nous bousculions autour des boîtes à peine ouvertes et les vidions à la cuillère comme s'il s'agissait de soupe. Lorsque son travail retenait longtemps Maman loin de chez nous, nous nous rabattions sur des quignons de pain que nous trempions dans du sirop d'érable ou simplement sur des morceaux de sucre brun, coupe-faim très efficace. Mieux valait se méfier du grille-pain dont les courts-circuits nous hérissaient les cheveux. Maman se désolait de n'avoir pas les moyens de nous acheter des fruits mais peu nous importait, dès que nous avions quelques sous, nous les dépensions en friandises. « Vous allez perdre toutes vos dents », nous menaçait en vain Maman, ou, prophétie plus sombre encore : « Si vous avalez le chewing-gum, vous aurez le trou du derrière collé. » Faute de place autour de la table, nous grignotions debout, couchés, à moitié endormis, à n'importe quelle heure ; au retour de Maman, vers deux heures du matin, nous nous disputions son sac à provisions. La cafétaria de la Chase Manhattan Bank offrait des repas gratuits à ses employés. Maman en profitait pour rafler des gâteaux, du fromage, des biscuits, n'importe quoi qui pût apaiser la fringale de sa horde. Comparée à la cuisine maternelle, celle de la Chase nous paraissait succulente. Faute de temps et de dons, Maman nous servait de redoutables pitances. Ses semoules ressemblaient à de la pâte à modeler, ses crêpes contenaient des fragments de coquilles d'œufs, ses ragoûts dégageaient une odeur qui faisait fuir mon petit frère Henry. « On mange mieux en prison ! » criait-il en claquant la porte mais la faim le ramenait bientôt à la maison. Épuisée, Maman s'endormait parfois sur sa chaise et nous la retrouvions le lendemain matin, le nez sur un de nos devoirs, une tasse de café froid à côté d'elle. Elle tenait son ménage avec une égale indifférence. « Je suis la pire femme d'intérieur que je connaisse », prétendait-elle et nul ne l'aurait contestée ! La maison avait toujours l'air d'émerger d'un ouragan. Les livres, journaux, souliers, battes de base-ball, bicyclettes, instruments de musique, s'entassaient partout, à la disposition des amateurs. En principe, les garçons couchaient dans une chambre et les filles dans l'autre mais on traversait sans cesse l'invisible frontière pour s'espionner, terminer une dispute ou une partie d'échecs. Quatre d'entre nous jouaient de la clarinette, laquelle passait de mains en mains comme les manteaux, les chaussures, les uniformes de gymnastique. Nous possédions une brosse à dents pour cinq, chacun jurait qu'elle lui appartenait personnellement. Quant au mobilier familial, il consistait principalement en deux fauteuils à bascule que Maman avait achetés parce qu'elle avait vu, à la télévision, son héros Jack Kennedy, se balancer dessus, plus un divan, quelques lits et chaises et une vieille télé en noir et blanc, d'ordinaire en panne mais qu'il semblait inutile et coûteux de faire réparer puisqu'on ne l'allumait presque jamais. Nous avions d'autres chats à fouetter.

Comme si nous n'étions pas assez nombreux, nous possédions une multitude d'animaux : hamsters, souris, chiens et chats, lapins, poissons rouges, oiseaux, tortues, grenouilles, etc. Certains nous léchaient, d'autres nous mordaient et parfois, atteints d'une mystérieuse infection, nous devions aller au dispensaire où un docteur blasé enfonçait mécaniquement une aiguille dans nos fesses alignées. Un jour, Maman ramena un petit poulet vivant pour Pâques. Il grandit, grossit, se transforma en coq et l'assaillit un soir en lui voletant au visage, poursuivi par huit d'entre nous. « Fichez-moi cet animal dehors ! » cria-t-elle. Il fut remplacé par un féroce berger allemand du nom de Abe qui nous mordit tous. Il faisait ses crottes ici ou là et grondait si nous faisions mine d'y toucher. Au bout de quelques jours, l'odeur se dissipait, la crotte séchait, durcissait, et l'un de nous l'expédiait d'un coup de pied sous le radiateur où elle tombait en poussière.

Nous évitions autant que possible ce genre de soucis à Maman qui avait des problèmes plus graves à régler, en premier lieu nos études et notre conduite. Il nous était interdit d'employer de gros mots, même le mot « mensonge » qui devait être remplacé par « histoire », et aucune excuse n'était admise pour de mauvais résultats scolaires. « Travaille et ne me raconte pas d'histoires, disait Maman. C'est ta seule chance de devenir un jour pareil à ton frère Dennis. »

Dennis ! Nous soupirions en chœur chaque fois qu'elle l'évoquait. C'était l'aîné de la bande, le pionnier de la famille, un artiste qui illustrait avec un prodigieux talent tous les endroits où il avait été, les rencontres qu'il avait faites. L'argent sonnait dans ses poches et sa taille nous dominait comme une ombre tutélaire, comme le Mémorial de Lincoln qu'il avait visité deux fois. En l'absence de ce héros – car il ne revenait à la maison que pour les vacances –, Maman entretenait, embellissait, ne se lassait pas de broder sa légende. Il accomplissait des exploits dont pouvait à peine rêver le commun des mortels. Il avait fini ses études secondaires, avait voyagé en Europe et maintenant Dennis, l'incomparable, le glorieux Dennis, s'apprêtait à remporter cette victoire inouïe : décrocher son diplôme de médecin. Rien, pas même le titre de professeur, ne pouvait rivaliser avec cet honneur suprême : devenir Monsieur le Docteur.

Si Maman en avait su plus long sur les activités de Dennis à la faculté, elle aurait peut-être tempéré ses éloges. Il comptait parmi les plus actifs militants pour les droits civils de toute l'Université de Pennsylvanie. Non content de marcher sur Washington, il avait été manifester dans le Sud, occupant les places réservées aux Blancs dans les bus et les restaurants. Il avait organisé une association de défense parmi les salariés de l'hôpital, s'était heurté aux forces de l'ordre et menait contre le système une guerre de harcèlement. Mais Maman ne connaissait que le brillant étudiant en médecine.

Il n'en alla pas de même pour Helen, ma seconde sœur par ordre d'ancienneté, qui elle aussi avait un compte à régler avec les Blancs, ou plus précisément les mâles blancs. Que de tourments elle causa à Maman. Comme toutes ses sœurs, elle était pétulante, bavarde, jolie. Les unes (dont Helen) avaient le teint bronzé, les autres (dont Kathy), la peau presque blanche, mais c'était à qui serait la mieux bâtie, aurait les plus beaux cheveux et le sourire le plus éclatant. Les garçons à vingt lieues à la ronde connaissaient leurs prénoms et des types que je n'avais jamais vus m'arrêtaient dans la rue pour me demander de leurs nouvelles. À cause de Kathy, de sombres brutes ont failli me casser le nez en maintes occasions. Quoi de pire que de devoir se battre pour l'honneur d'une fille qui vous paraît aussi moche que bêtasse et dont la moitié du voisinage est amoureux ? Je maudissais mon sort.

En outre, Helen avait des talents artistiques et de virulentes convictions. Elle portait une veste en jean constellée de badges sur lesquels on lisait : « Non à la guerre », où on reconnaissait le sigle des Panthères noires : rouge, vert et noir. Mais cela ne décourageait pas les garçons blancs, asiatiques, sud-américains, ou les Noirs comme nous, de lui faire la cour. Élève à l'école de musique, elle jouait du piano à l'église. Un beau jour, ma sœur Judy qui n'avait que neuf ans mais déjà un talent de pianiste, la remplaça. Quand Maman interrogea Helen, celle-ci répondit : « Ça ne me plaît plus », et elle subit sans broncher la raclée de coups de ceinture. Le châtiment terminé, elle se retira en haussant les épaules.

Peu après, le directeur de l'école de musique téléphona pour demander à Maman si Helen avait renoncé à ses études.

« Vous plaisantez, protesta Maman. Tous mes enfants étudient.

– Pas Helen, dit le directeur. Elle n'est plus venue depuis quinze jours et c'est grand dommage. »

Maman infligea une nouvelle correction à Helen, plus énergique encore que la première, puis elle lui parla durant des heures. Helen pleura, promit tout ce qu'on voulait mais ne changea rien à sa conduite. Maman l'inscrivit dans une autre école, puis une autre encore; aucune ne convenait à la rebelle. « L'éducation des Blancs, c'est très peu pour moi », déclara-t-elle. Sous nos yeux stupéfaits, elle se transforma en hippie, troqua ses jeans contre des jupes longues, enfila des colliers de perles multicolores, se parfuma d'huiles qui, selon elle, lui conféraient des pouvoirs secrets. Un certain Eric Bibb, guitariste amateur, ne la quittait pas d'une semelle. Nous ne savions plus à quel saint nous vouer. Maman appela à la rescousse des pasteurs, des amis, mon beau-père, mais Helen demeura sourde à tous les arguments. Tard dans la nuit, elle discutait avec les grands tandis que nous, les petits, dormions à l'étage au-dessus. Parfois, avec Kathy, nous nous blottissions au sommet de l'escalier pour les écouter. C'était à qui condamnerait le plus vigoureusement le système, à qui plaiderait avec le plus d'éloquence la cause de la révolution, célébrerait les vertus de

Martin Luther King auquel certains préféraient Malcolm X. Après quoi, ils jouaient un disque de leurs musiciens favoris « Les Derniers Poètes ». Helen, l'âme des débats, couvrait toutes les voix en poussant son cri de guerre : « Attaquons ! Il faut se battre contre les Blancs. » Sa virulence agaçait ses aînés qui ripostaient : « De qui parles-tu ? Tu les connais ? Et pourquoi pas les Blanches ? » Après avoir ri, ils redevenaient sérieux et reconstruisaient le monde.

Une nuit que nous faisions semblant de dormir, Kathy et moi, nous entendîmes un fracas épouvantable, suivi de cris et de jurons. Helen et Rosetta se battaient en bas.

Mes frères et sœurs ne se livraient en général qu'à de brefs et inoffensifs échanges de coups. Cette fois, c'était sérieux. Helen avait osé s'en prendre à plus forte qu'elle, Rosetta, l'aînée, la plus délurée du lot. Elle trônait en général, assise en lotus sur son lit (elle était la seule qui en possédât un rien que pour elle), buvant de l'eau glacée que nous lui servions dans de grands verres, envoyant parfois l'un de nous au magasin du coin pour lui chercher des bonbons ou des cigarettes. L'oreille collée contre la radio, elle écoutait les chanteurs à la mode. Quand il lui arrivait de s'endormir en musique, nous marchions sur la pointe des pieds de crainte d'éveiller l'impératrice. Mes frères eux-mêmes qui portaient le chapeau sur l'oreille ou la casquette à l'envers et ne juraient que par Malcolm X, baissaient le ton en sa présence, à commencer par Dennis qui l'entourait d'égards.

Or, cette nuit-là, j'entendis dans les parages de cette prestigieuse sœur un bruit affreux de vêtements déchirés, de gifles, de glapissements.

« Salope ! Putain ! » hurlait Helen.

Serrée contre moi, Kathy éclata en sanglots. « Tais-toi », lui murmurai-je. J'étais scandalisé par les gros mots qui volaient dans l'air. Ils étaient interdits chez nous. Si quelqu'un les prononçait, Maman lui réglerait son compte.

« Ça suffit. Retiens-la, Billy », ordonna un de mes frères témoins du pugilat.

Bang ! Rosetta poussa un gémissement.

« Attends ! Ça va être ta fête ! » s'égosilla Helen.

Des meubles tombèrent, une lampe se brisa, quelqu'un rit, un autre jura. Dans un moment de demi-répit, Helen annonça qu'elle partait. Les garçons reprirent aussitôt leur sérieux.

« Un instant, Helen, écoute !

– Arrête ! Où vas-tu ?

– Ne me touchez pas ! tonna Helen. J'en ai marre de vous tous, marre de cette maison. »

Et ce fut le silence que ne troubla qu'un sanglot étranglé. Puis la porte s'ouvrit et claqua.

Quand Maman revint bien plus tard et qu'elle vit toutes les lumières allumées, même celles de l'étage des petits, elle devina qu'il y avait un sérieux problème.

« Où est Helen ? demanda-t-elle de but en blanc, et l'angoisse rayait sa voix.

– Partie, répondit l'un de nous.

– Pourquoi l'avez-vous laissée partir ?

– Elle ne voulait pas rester, Maman. Nous avons essayé de la raisonner mais elle n'écoutait pas.

– Oh Seigneur ! s'exclama Maman en se frappant le front. Il fallait la retenir. »

Que dire ? Nous nous sentions coupables, mais de quoi ? Comment aurions-nous pu agir autrement ? Helen ne revint pas ce jour-là, ni le suivant, ni le surlendemain. Elle avait quinze ans. Maman appela la police qui rédigea un rapport, entreprit des recherches, interrogea les voisins, mais sans résultat. Une semaine après, ma demi-sœur Jacqueline appela Maman de son appartement à Harlem. Comme nous tous, Helen adorait Jack. « Helen est chez moi, Ruth, dit-elle à Maman. Elle ne veut pas te voir. Ne t'en fais pas. Laisse-la se calmer, tu l'effrayes. » Mais Maman était incapable d'attendre. Elle convoqua mon frère Richie, lui donna de l'argent pour le métro et des instructions détaillées : « Dis à Helen que je lui pardonne. À une condition : qu'elle revienne chez nous. »

Richie enfila son blouson de cuir, se coiffa de son canotier et partit pour Harlem tandis que Maman à bout de nerfs, arpentait les chambres. À son retour, il annonça, repoussant son chapeau en arrière : « Elle ne reviendra pas. »

Un peu plus tard, Helen quitta Jack et disparut pour de bon. Maman céda à la panique. Des nuits entières, elle allait et venait, téléphonait à des prêtres, à mon beau-père qui, fait exceptionnel, nous rendit visite en semaine. On récita des prières, Maman s'adressa des reproches, regrettant la violence de ses châtiments. Mais Helen demeurait invisible. « Ça lui passera, disait mon beau-père. Elle reviendra. » Il n'y comprenait absolument rien. C'était un homme de l'ancien temps qui avait fui le Sud raciste et qui considérait l'éducation, n'importe quelle éducation, comme une chance à saisir. Helen parlait un tout autre langage.

Les jours passèrent, puis Jack téléphona à nouveau : « Je l'ai retrouvée. Elle vit avec une espèce de folle. »

Elle décrivit une fille vêtue de voiles qui brûlait de l'encens. Maman obtint l'adresse et s'y précipita.

C'était un îlot de taudis où des drogués, des alcooliques somnolaient sur le trottoir. Maman enjamba des corps, traversa des nuages de marijuana et monta au huitième étage dans un ascenseur cahotant. Sur le palier, elle entendit des flots de musique et quelqu'un qui parlait au téléphone. Elle frappa, on baissa le son de la radio.

« Qui est là ? demanda la voix d'Helen.

– C'est moi, dit Maman. Je viens voir Helen. »

Il y eut un silence.

« Je sais que tu es là, reprit Maman. Je t'en prie, reviens à la maison. Ce que tu nous reproches, nous en discuterons. Oublie tout ça, reviens ! »

D'un appartement voisin sortit une femme noire qui contempla perplexe cette Blanche aux jambes arquées en train d'implorer une porte close.

« Helen, je t'en supplie, écoute-moi. »

Dans la porte, un petit judas s'ouvrit. Un œil noir s'y colla.

« Reviens chez nous, répéta Maman. Ici, ce n'est pas un endroit pour toi. Rentre à la maison. »

Mais le judas se referma.

9

La « shul »

Il y avait trois écoles à Suffolk : une pour les Blancs, une pour les Noirs et une pour les juifs, on appelait cette dernière la « shul » en yiddish. Ce n'était pas vraiment une école mais une pièce de la synagogue de Tateh. Il y enseignait l'hébreux, y lisait la Bible et apprenait aux garçons à psalmodier. Souvent il s'exerçait à la maison, do, ré, mi, fa, sol... Il se chargeait aussi des circoncisions pour lesquelles il avait des couteaux spéciaux. Il en possédait d'autres, plus grands, pour tuer les animaux selon les rites kascher et il nous arrivait de garder dans la cour une vache que Tateh devrait achever. Nous la conduirions aux abattoirs, en bas de la rue, les bouchers l'attacheraient au plafond par ses pattes de derrière et Tateh choisirait soigneusement son coutelas dans sa trousse. Puis, il réciterait une brève prière et enfoncerait la lame dans le cou de la vache. Le corps tressaillerait violemment, le sang ruissellerait sur le sol et l'animal mourrait. Les bouchers lui ouvriraient la panse pour en retirer l'estomac, les intestins, le cœur et le foie.

Enfant, je ne parvenais pas à manger de la viande. Le souvenir de Tateh égorgeant les vaches me donnait la nausée et redoublait la terreur qu'il m'inspirait.

Heureusement, il y avait des limites à son pouvoir. Comme la « shul » juive ne faisait pas le poids aux yeux des Blancs, je dus aller à l'école officielle, malgré les objections de Tateh qui prétendait que je n'y apprendrais que des choses inutiles. En revanche, il consentait à payer pour des leçons particulières de couture, de tricot, de comptabilité. Le souci de nous éviter tout contact avec les chrétiens l'emportait sur son avarice mais la loi l'obligea à capituler. Il n'y avait pas de quoi se réjouir. Dès que j'eus franchi le seuil de l'école, les épreuves commencèrent. Les gosses haïssaient les juifs. « Dis donc, Ruth, me demandaient-ils, tu ne serais pas youpine par hasard ? » Je ne supportais pas leurs moqueries. Pour passer inaperçue, j'avais changé mon prénom, mes parents m'appelaient Ruckla en yiddish, l'équivalent de Rachel, j'adoptai Ruth qui me paraissait moins juif mais les persécutions continuèrent.

J'avais l'impression que personne ne m'aimait. quand je n'entendais pas les enfants ricaner derrière mon dos ou imiter mon accent yiddish, je lisais dans leurs yeux le dégoût ou l'antipathie. En ce temps-là, un juif pouvait se sentir atrocement seul à Suffolk, les gens n'acceptaient pas qu'on soit différent d'eux. Ils n'avaient d'autres modèles que les protestants blancs, d'origine anglo-saxonne, mais même parmi les juifs nous étions mal vus parce que nous gagnions notre vie avec des Noirs, ceux que Tateh traitait de « schwartzes ».

J'entamais ma quatrième année scolaire quand une fille s'approcha de moi pendant la récréation. « J'aime beaucoup tes cheveux, me dit-elle. Si tu veux, on peut être amies. » Elle s'appelait Frances et je ne l'oublierai jamais. Elle était mince, avec des boucles claires et des yeux bleus. Comme elle était aryenne, je n'avais pas le droit de jouer avec elle mais je m'arrangeai pour qu'elle vienne en cachette chez nous ou pour aller chez elle. En réalité, je n'avais pas à me cacher, chez elle, j'y étais toujours la bienvenue. Elle habitait dans une maison de bois, de l'autre côté du cimetière. À chacune de mes visites, sa mère servait le dîner, comme si cette famille passait son temps à manger. Je regardais la dame sortir du buffet des assiettes de porcelaine qu'elle remplissait de tranches de jambon, de poulet, de maïs, de pommes de terre, de haricots verts ou de flageolets, puis elle apportait des biscuits chauds, tartinés de beurre. Je ne pouvais rien avaler de tout ça, ce n'était pas kascher. La première fois, je balbutiai : « Je ne peux pas manger ça » et Frances renchérit : « Moi non plus, je n'aime pas ça. Ce que je préfère, c'est de la mayonnaise sur du pain blanc. » Voilà comment elle était, mon amie, toujours prête à voler à votre secours. Quand elle se trouvait dans les parages, personne ne m'attaquait. Peu lui importait que je sois juive.

À la maison, je chipais de la menue monnaie dans la caisse pour aller au cinéma avec Frances. La place ne coûtait que dix *cents*. Pour éviter d'être vue par mon père, nous coupions par le cimetière. Au retour, nous nous asseyions sur les tombes pour discuter. Comme je l'ai dit, j'ai toujours eu peur des morts maïs avec Frances, je n'y pensais pas, tant il me semblait naturel de bavarder avec elle, à l'ombre des cyprès. Quand venait le moment de nous séparer, elle partait la première et je faisais le guet pour m'assurer qu'aucun fantôme ne la suivrait. Elle marchait à reculons, les yeux fixés sur moi et me demandait : « Tu ne vois rien ? La voie est libre ? » Je criais : « Oui. Vas-y ! Fonce ! » Alors, elle pivotait et filait en me lançant par-dessus son épaule : « Regarde bien, Ruth. Personne ne me suit ? » Je répondais : « Personne. Dépêche-toi, je compte. Un, deux, trois, quatre, cinq. » À dix, je m'envolais à mon tour, oui, je m'envolais bel et bien de ce cimetière.

La famille de Frances n'était pas riche. C'était le cas de la plupart des Blancs du pays, des petits fermiers qui peinaient pour joindre les deux bouts, mais pas le genre de pauvres que l'on voit aujourd'hui. S'ils manquaient d'argent, ils avaient encore moins de besoins et presque tout le monde était logé à même enseigne. Notre clientèle noire à l'épicerie était plus pauvre encore que les Blancs. Elle tirait sa nourriture du fleuve qui coulait au pied des collines. Les hommes pêchaient ou attrapaient des crabes sur le quai. Je me souviens d'un type qui ne prenait que des tortues. Il rentrait le soir une grande tortue sous chaque bras et Dédée et moi nous pouffions de rire. Parfois, il s'arrêtait dans notre magasin pour acheter de quoi assaisonner sa soupe, des épices et des herbes. Une tortue encore vivante se débattait pour s'enfuir pendant qu'il s'attardait à choisir ses gousses d'ail et ses poivrons. J'avais pitié de la bête, envie de la rapporter dans l'eau. Mais si je l'avais avoué à son propriétaire, il m'aurait traitée de folle. C'était son dîner que je jetais.

Oui, beaucoup de gens avaient faim à l'époque et je dois reconnaître que nous avions de la chance. Jamais je n'ai été forcée de manger des tortues. Jamais je n'ai souffert d'un estomac vide avant mon mariage. Mais si j'avais de quoi me rassasier, autre chose me manquait : l'amour et la tendresse. Cette nourriture-là, je devais m'en passer.

10

L'école

Durant les années soixante Maman eut exceptionnellement un peu d'argent et nous emmena dans le bas de Manhattan pour acheter des vêtements pour l'école.

« Il faut aller là où l'on fait des affaires, nous dit-elle. Elles ne viendront pas à vous.

– Et qui fait des affaires ?

– Les juifs, bien sûr. »

Je pensais que les juifs n'existaient que dans la Bible. J'en avais entendu parler à l'école du dimanche, avec Jésus et compagnie.

« Il y en a encore ? m'étonnai-je.

– Oh pour ça oui ! » répliqua Maman avec une drôle de grimace.

Les marchands, des juifs hassidiques coiffés d'une kippa, écarquillèrent les yeux quand Maman débarqua en tête de sa troupe de cinq ou six noirauds. Mais une cliente est une cliente et ils déballèrent leurs marchandises, mentionnèrent des prix. Bientôt, ils se rendirent compte qu'ils avaient trouvé à qui parler et en yiddish qui plus est. « Pas de salades », les interrompit-elle comme ils vantaient la qualité d'une paire de médiocres souliers qu'elle écarta d'un geste vif. Aussi ahuris que les marchands, nous lui demandâmes : « Où as-tu appris à parler comme ça ?

– Occupez-vous de vos affaires, riposta-t-elle. Moins vous poserez de questions, moins on vous mentira. Certains juifs du coin ne vous ont pas à la bonne. »

Quand j'évoque ces souvenirs, je me rends compte à quel point j'étais coupé des juifs, aussi isolé dans mon univers qu'eux dans le leur. J'allais découvrir peu à peu qu'ils n'étaient pas tout à fait des Blancs comme les autres. Mon opinion évolua en partie sous l'influence de ma mère qui, consciemment ou non, était restée marquée par ses origines juives, en partie à cause de mes frères et sœurs dont les exemples m'éclairèrent. Les études de Rosetta à l'université noire de Howard furent totalement payées par une fondation juive, livres et pension compris. Dennis, notre aîné, le gourou de la famille, s'était lié avec nombre de juifs à la fac. « Ils luttent avec moi pour les droits civils », me dit-il. Maman, qui ne reculait devant aucune contradiction, nous mettait tantôt en garde contre l'antipathie que nous inspirions aux juifs, tantôt nous recommandait, si nous croisions un juif sur notre route, un commerçant, un professeur, de nous lier d'amitié avec lui. À l'en croire, il se montrerait plus ouvert que les autres Blancs. Pour elle, les juifs et les Blancs formaient deux communautés distinctes et nous partagions ce point de vue. Plus tard, quand devenu adulte, j'entendis parler de la relation d'amour-haine qui caractérisait les rapports entre juifs et Noirs, je n'eus pas besoin de recourir à la sociologie pour les comprendre. Il me suffisait de penser à certains de mes amis et professeurs dont l'intelligence et la sensibilité m'émerveillaient et à certains autres qui ne dissimulaient pas leur allergie à ma race et à moi. Je dois à Maman la multiplicité de ces contacts, elle s'évertua à inscrire chacun de nous dans des écoles surtout fréquentées par des juifs.

Elle admirait par-dessus tout la façon dont ils veillaient à l'éducation de leurs enfants et partageait leur méfiance à l'égard des écoles publiques médiocres et potentiellement dangereuses. Elle approuvait aussi le sens communautaire ou l'esprit de solidarité qui resserrait les liens entre eux et la priorité qu'ils accordaient tous à la culture et à la discipline. Stimulée par cet exemple, elle nous ordonnait de ramener à la maison tous les formulaires et brochures que nous distribueraient nos professeurs, surtout pendant le mois de janvier, et les claques pleuvaient quand nous revenions les mains vides. Elle examinait soigneusement cette documentation, étudiant les questionnaires à remplir. « Bien sûr, marmonnait-elle, voilà ce qui convient. » Régulièrement, le système scolaire de l'État de New York accouchait d'une perle rare, par exemple cet avis révélant aux parents qu'ils pouvaient, s'ils le désiraient, bénéficier d'un système de bus qui transporteraient leurs enfants dans les écoles d'autres quartiers. Mais il y avait une date limite pour s'inscrire et le nombre d'élus était limité. Maman sautait sur l'aubaine, choisissant invariablement une des meilleures écoles juives. Elle obtint ce qu'elle désirait et nous soumit à des horaires terribles. Nos journées commençaient à six heures trente du matin. Nous partions à l'assaut et ratissions la ville comme des soldats armés de livres, d'équerres, d'instruments de musique et d'un laissez-passer qui nous permettait de voyager pour cinq *cents* en bus ou en métro. Le plus petit d'entre nous ne tarda pas à connaître tous les transports en commun. À douze ans, je voyageais une heure et demie d'affilée pour me rendre au lycée. Mon professeur, Miss Allison, une jeune Blanche à lunettes, haussait les épaules lorsque je la priais d'excuser mon retard dû aux embouteillages. Les élèves blancs me dévisageaient, surtout lorsque je me jetais sur la médiocre nourriture de la cantine. J'avais faim et c'était gratuit.

Durant cette période qui précéda l'intégration scolaire, mes frères et sœurs et moi, nous nous habituâmes à être en classe les seuls Noirs ou « nègres » et à nous montrer courtois, assidus, disciplinés, malgré les préjugés racistes de certains professeurs qui notaient nos devoirs plus sévèrement que les autres. Un jour, le professeur entreprit de nous lire un passage de notre livre d'histoire, relatif à l'esclavagisme. Un élève du fond murmura : « James est un nègre » et le mot circula de banc en banc, accompagné de fous rires. « Silence ! » ordonna le professeur en roulant de gros yeux. Mais le mal était fait, mes joues brûlaient et je me recroquevillai sur ma chaise, la honte au cœur. J'imaginai comment mes aînés auraient réagi, leur colère, la volée de coups de poing qu'ils auraient administré à ceux qui les auraient traités de nègres. Moi, je n'étais pas à la hauteur ; j'encaissais passivement. Ce ne fut que beaucoup plus tard que la rage explosa en moi et que j'entendis quelqu'un hurler dans ma poitrine. Je me demandai qui c'était.

Mais j'avais un refuge : la musique qui déjà avait envahi ma vie. Je prenais des leçons de piano et de clarinette à l'école et souvent j'oubliais tout ce qui m'entourait grâce à Tchaïkovski ou aux improvisations de James Moody au saxo. Une heure plus tard, j'en émergeais, hébété, pour me plonger dans un livre. *Les voyages de Gulliver* m'enchantaient.

Dans mon désir d'échapper à la réalité, je m'étais créé un monde imaginaire et je m'enfermais dans la salle de bains pour rester en tête à tête avec mon autre moi, le vrai, celui du miroir. Il me regardait, je l'observais, l'embrassais, lui faisais des grimaces. Contrairement à mes aînés, il semblait toujours d'accord avec moi. « Si je suis ici et que tu es moi, pourquoi n'es-tu pas de mon côté du miroir ? » lui disais-je. Il haussait les épaules en souriant. J'exigeais une réponse, je criais, je l'insultais, puis me détournais pour m'en aller mais quand je jetais un coup d'œil par-dessus mon épaule, il m'attendait toujours à la même place. Il avait l'air d'ignorer mon exaspération. Lui, il n'avait jamais faim, sans doute dormait-il seul dans son lit et sa mère n'était-elle pas blanche. Il m'arrivait de le haïr. « Va-t-en ! lui criais-je. Fous le camp en vitesse ! » Il s'en moquait. Un de mes frères m'écoutait, l'oreille collée à la porte et quand je sortais il me traitait de dingue.

On m'appelait aussi « Grosse Tête » car elle contrastait avec la minceur de mon corps. De l'avis des miens, j'avais quelques chances de réussir. Je n'étais pas bête, je lisais beaucoup, je m'en tirais bien en musique, j'allais à l'église, mes cheveux bouclaient au lieu de friser, j'avais la peau café au lait et les filles me trouvaient mignon malgré ma timidité. Pourtant je m'épuisais à chercher qui j'étais. Je ne ressemblais en rien à ma mère que j'admirais, ni aux autres modèles qui s'offraient à moi : mon beau-père, mon parrain..., et moins encore aux héros de films, des Blancs comme Paul Newman ou Steve McQueen, qui finissaient toujours par vaincre les canailles et conquérir la femme qu'ils aimaient, toujours des Blanches évidemment.

Un jour, au retour de l'école, j'abordai Maman qui préparait le dîner dans la cuisine et lui demandai : « Qu'est-ce que c'est qu'un mulâtre tragique ? »

Un éclair de colère brilla dans ses yeux et son nez qui avait tendance à rougir ou à gonfler sous le coup de l'émotion s'enfla comme un ballon.

« Où as-tu pêché ça ? me demanda-t-elle.

– Je l'ai lu dans un livre, dis-je sans mentionner *Othello*.

– Seigneur, tu es un crétin tragique. Quel livre est-ce ?

– Juste un livre.

– Ne le lis plus jamais (elle grinçait des dents). Un mulâtre tragique ! A-t-on jamais entendu quelque chose d'aussi stupide ? Quelqu'un t'a insulté ainsi ?

– Non.

– N'emploie plus jamais de mots pareils.

– Mais moi, suis-je blanc ou noir ?

– Tu es un être humain. Travaille à l'école sinon tu seras moins que rien.

– Un moins que rien noir ou blanc ?

– Pour un moins que rien la couleur n'a pas d'importance.

– Oui, mais moi j'en ai une », protestai-je.

Ma mère soupira et s'assit.

« Je suis sûre que tu ignores l'histoire du professeur et des graines. Écoute-moi bien. Un professeur demanda un jour à la classe : Nommez-moi des espèces de graines. Un petit garçon répondit : Des graines de tournesol. Il eut un bon point. Une fille proposa : La graine de tomate. Le professeur approuva, et ainsi de suite... Pour finir, un élève leva la main et déclara : Nous sommes tous des graines d'homme. Et voilà, conclut ma mère en riant, ce que tu es, une graine d'homme et un enquiquineur par dessus le marché. »

Sur ce, elle me planta là pour aller tourner dans ses casseroles et je demeurai songeur. Il n'y avait plus qu'une chose à faire : interroger mes aînés. Bien qu'ils se fussent eux aussi heurtés à l'étrange logique maternelle, ils n'avaient pas, comme moi, sombré dans la confusion. Je posai la question à David.

« Suis-je blanc ou noir ?

– Moi je suis noir, affirma-t-il en tapotant la coiffure afro qui lui hérissait le crâne. Toi, tu es peut-être un nègre. Adresse-toi à Billy. »

Avant que je n'aie ouvert la bouche, ce dernier me proposa : « Tu veux voir quelque chose de bizarre ?

– Bien sûr. »

Il me conduisit à travers la maison, passant dans le dos de Maman qui était en train de changer les langes des bébés, m'entraîna au sommet des escaliers, au-delà de la chambre des garçons et m'arrêta devant le placard que remplissait, du sol au plafond, tout ce que nous n'avions pu nous résigner à jeter. Billy l'ouvrit, y passa la tête, la retira et m'invita à inspecter l'intérieur de plus près. Je m'y risquai et aussitôt il ferma la porte derrière moi. « Hé, minute, il fait noir ici », criai-je. La peur m'enrouait. J'avais l'impression que les doigts d'un monstre m'étranglaient dans l'obscurité, je l'entendais gronder et je hurlai, saisi de panique : « BILLYYY ! » Quand il finit par m'ouvrir, je me ruai dans toute la maison, de pièce en pièce, appelant Maman au secours. J'avais complètement déjanté. Billy, allongé par terre, sanglotait de rire.

Ce problème de races me semblait peser sur nous comme le mystérieux pouvoir de la lune. Elle commandait aux marées mais en silence et à sa guise, n'obéissant qu'à ses propres lois. Maman menait la danse familiale à un tel rythme que je n'avais guère le temps de méditer sur ma couleur de peau. À la moindre occasion, elle conduisait une demi-douzaine d'entre nous au métro, payait un seul billet pour tous et nous ordonnait de franchir ensemble le tourniquet sous les regards ébahis ou les reproches d'un contrôleur. New York avait toujours quelque chose de gratuit à offrir : un festival, une visite du zoo, des fêtes de quartier, des concerts. Deux fois par an, Maman nous conduisait à la clinique dentaire de Manhattan, la Guggenheim, où des étudiants étrangers nous soignaient pour rien. Vêtus de blanc, armés de roulettes et de seringues, ils réduisaient leurs patients à l'état de loques sanglotantes, tandis que les frères et sœurs horrifiés attendaient leur tour. Les bourreaux arrachaient les dents en poussant des cris dans leur langue natale et nos têtes désarticulées tournaient de gauche à droite. Une fois, Maman qui attendait à côté, constata, après examen de la bouche ensanglantée et pleine d'ouate de Billy, qu'on ne lui avait pas arraché la dent malade. Elle se rua dans le cabinet et se répandit en menaces.

Chaque été, elle emmenait toute la troupe à la piscine où elle sautait la première et flottait dans son maillot de bain noir, comme une otarie ; et nous, petits phoques, plongions autour d'elle. Elle faisait la planche paresseusement, sauf si l'un de nous buvait la tasse, toussait, s'étranglait ; alors elle fouettait l'eau, saisissait le maladroit et l'amenait sur le bord, tout en lui administrant des claques énergiques. Nous n'avions pas l'impression de faire partie des pauvres ou des malchanceux car les critères des autres ne s'infiltraient pas chez nous, mais en grandissant nous avons découvert un univers tout différent et le royaume que Maman avait pris tant de peine à édifier s'écroula.

Les bouleversements des années soixante nous atteignirent de plein fouet. Le départ de ma sœur Helen (qui ne revint chez nous que cinq années plus tard, avec un bébé et un diplôme d'infirmière) sonna comme un avertissement. Chacun à son tour sentit croître en lui ce besoin de justice, ce refus de l'inégalité, tout ce que nos parents nous avaient inculqué. Les gentils enfants dociles de l'école du dimanche qui se contentaient de gonfler le torse et de revendiquer avec Paul Robeson la fierté d'être un nègre se tournèrent vers un leader plus violent : Malcolm X. Maman n'avait plus voix au chapitre, sa couleur ne convenant pas aux supporters du Pouvoir noir dont les idées divisaient la maison.

L'un après l'autre, mes aînés cédèrent à l'air du temps pour accomplir ce que nous nommions en riant « leur révolution personnelle ». L'un partit pour l'Europe, un autre, Richard, se maria à dix-huit ans, malgré les objections de Maman, divorça, entra à l'université et, pendant les vacances qu'il passait chez nous, fut arrêté dans la rue par les flics. Un groupe de jeunes qui couraient devant lui s'étaient débarrassés en vitesse d'un sac qui, selon les flics, contenait de héroïne. Les policiers alignèrent tous les garçons le long du mur et demandèrent qui avait jeté le sac (dans lequel on trouva plus tard de la quinine). Tous jurèrent n'en rien savoir. On les fouilla donc et sur Richard on découvrit 90 dollars, le montant de la bourse qu'il avait touchée. Aux questions qu'on lui posa, Richard répondit que c'était de l'argent pour l'université et qu'il avait oublié qu'il l'avait sur lui. Les gens qui connaissaient mon frère savaient qu'il en était capable, bien que 90 dollars fussent une somme considérable à l'époque. Mais Richard avait toujours l'esprit ailleurs. À la maison, nous l'appelions « le savant fou »; ses expériences scientifiques avaient souvent failli causer des explosions, il oubliait toujours ce qui bouillait dans ses casseroles, comme les endroits où il avait mis ses pantalons mais il se rappelait les formules chimiques les plus compliquées et les solos de John Coltrane qu'il interprétait au saxo. Ce doux dingue, d'une intelligence aiguë, deviendrait plus tard professeur de chimie mais, aux yeux des flics, il n'était qu'un délinquant comme les autres et ils l'arrêtèrent.

Quand elle apprit la nouvelle, Maman arpenta la maison toute la nuit et lorsque Richard comparut devant les juges, elle était assise dans la salle, juste derrière le banc des accusés. Richard apparut, sale, des menottes aux mains, démoralisé par ses vingt-quatre heures de prison. À sa vue, Maman se tordit les poignets tout en se lamentant à haute voix, ce qui ne l'empêcha pas d'entendre l'avocat commis d'office murmurer à l'oreille de Richard : « Plaidez coupable. » Aussitôt, elle bondit sur ses pieds en criant : « Attendez ! » Elle franchit les obstacles pour se précipiter devant le juge a qui elle affirma qu'il y avait erreur, qu'aucun de ses gosses n'avait jamais eu de problèmes avec les autorités, que ce fils-là était à l'université et... Le juge blanc qui avait repéré Maman dans l'auditoire (seule face pâle dans une assistance noire), consentit à lui confier la garde de Richie et l'affaire n'eut pas de suites.

Mais cette expérience incita Maman à redoubler de vigilance à l'égard des petits qui lui restaient sur les bras et je dois reconnaître qu'elle nous manipula en fin stratège. Fidèle à son système de « roi » ou de « reine » par délégation, ce qui nous imposait une hiérarchie et le sens des responsabilités, elle demeurait la seule détentrice du pouvoir. Ainsi avait-elle adapté l'ordre qui avait empreint son enfance dans ce foyer de juifs orthodoxes où chacun se pliait à la volonté du chef : le Tateh. En dépit du chaos apparent, nous acceptions un minimum de discipline : les repas étaient servis à des heures à peu près fixes, les devoirs faits pour la date indiquée et nous allions nous coucher au signal de Maman. Parfois elle confiait l'un de nous à un parent ou à des amis qui s'engageaient à nous tenir la dragée haute et qui n'y manquaient pas. Ces relations nous étaient précieuses mais pourquoi étaient-elles toutes noires ? Je m'en étonnai.

« Comment se fait-il que toi, tu n'aies pas d'oncles et de tantes ? lui demandai-je.

– J'avais un frère, il est mort, répondit-elle. Quant à ma sœur... J'ignore ce qu'elle est devenue.

– Comment ça ?

– Je me suis séparée des miens.

– Séparée ?

– Oui, comme par la mort.

– Qui est morte ?

– Moi. Eux aussi probablement. C'est du pareil au même. Ils n'ont pas supporté que j'épouse un Noir.

– Mais pourquoi, puisque tu es noire, toi aussi ? »

J'avais marqué un point. Elle refusa de poursuivre la discussion.

« Ça suffit, tes questions me fatiguent. »

Quand j'interrogeai mon beau-père, il se déroba à son tour. « Ça regarde ta mère. Écoute ce qu'elle te dit. » Il l'aimait et semblait trouver tout naturel qu'elle soit blanche et lui noir, ce que j'admettais si difficilement. J'étais frappé aussi par la différence de leurs caractères, lui était toujours d'humeur égale et ouvert à tous les arguments. Elle incarnait la méfiance, se cramponnait à ses principes et refusait les débats. Quand elle sortait de chez nous, son attention se limitait strictement aux enfants qu'elle emmenait et à l'argent qu'elle avait dans son sac. Rien d'autre ne l'intéressait et surtout pas les remous que suscitait notre apparition. Mais si les commentaires ou les ricanements qui nous saluaient la laissaient de marbre, pas moi. Dès l'âge de dix ans, je souffris du sens du ridicule et redoutait de cheminer à côté de ma mère dont la compagnie me comblait d'honneur cinq ans plus tôt. J'en étais arrivé au point d'avoir honte d'elle et de sa peau claire. Quand je jouais au parc avec des amis, je ne lui disais pas à quel endroit pour éviter qu'elle vienne m'y chercher. Si quelque copain mal embouché la traitait de « poule blanche », je me voyais forcé de retrousser mes manches au risque d'attraper un mauvais coup.

« Accompagne-moi au magasin », m'ordonna-t-elle un après-midi.

Je lui répondis que je pouvais y aller seul.

Elle accepta sans protester cette manifestation d'indépendance et je me rendis à l'épicerie. Le Blanc qui la tenait, un homme bourru, n'avait guère de sympathie pour les gosses noirs, cette graine d'envahisseurs qui le forceraient bientôt à quitter son quartier, et il ne faisait manifestement pas exception pour moi. À mon retour, Maman ouvrit le carton de lait, constata qu'il était tourné et me dit de le rapporter à l'épicier en exigeant d'être remboursé. J'eus beau faire la sourde oreille, elle se montra inflexible et je m'inclinai. Quand j'entrai dans l'épicerie, le propriétaire fronça le nez de mépris.

« Faut que je vous rende ça, balbutiai-je.

– Je n'en veux pas, répliqua-t-il. Le carton a été ouvert, je ne le reprends pas. »

Tout penaud, je regagnai la maison. Dix minutes plus tard, Maman se dirigeait vers la boutique ; la colère accentuait son boitillement, elle serrait les mâchoires et les poings, le bout de son nez rutilait. D'un geste énergique, elle posa le carton de lait sur le comptoir. L'épicier la dévisagea, puis moi, puis elle de nouveau. Ses traits exprimèrent successivement de la surprise, de la colère et du dégoût. J'en fus interloqué. Je pensais que le marchand reconnaîtrait sans hésiter une personne de sa race et qu'il n'hésiterait pas à la rembourser.

« Sentez-moi ça, dit Maman.

– Je ne sens pas le lait, je le vends », ricana-t-il.

Aussitôt, la guerre se déclencha. Une nuée de gosses noires se rassembla pour profiter du spectacle. J'avais envie de disparaître sous terre. « Ça va, Maman, laisse tomber... », murmurai-je. Mais elle fonçait, brandissant le carton. « Imbécile, crétin, voleur minable ! Non mais pour qui je me prends ! » Les mots se bousculaient sur ses lèvres pour se fondre en un charabia meurtrier.

Au bout d'un moment, il fallut se rendre à

l'évidence : l'homme ne nous rembourserait pas. maman me saisit la main et se dirigea vers la porte. Derrière nous, l'épicier murmura quelque chose, trop bas pour que je puisse l'entendre mais quelques gosses poussèrent des « Oh ! » et Maman s'arrêta pile. Me tenant toujours par la main, elle pivota sur elle-même et lança le lait vers l'adversaire. Le carton manqua sa cible pour s'écraser sur le comptoir à cigarettes qui furent généreusement arrosées.

J'avais peine à comprendre une telle fureur. Pourquoi ne pas avoir rendu le lait tout simplement ? Mon embarras l'emportait sur la solidarité. Tandis que Maman égrenait ses chapelets d'injures, je me disais qu'il vaudrait mieux qu'elle soit d'une seule couleur : noire ou blanche. J'avais une préférence pour le noir, mes aînés m'avaient communiqué la fierté de notre race. Maintenant, parvenu à l'âge adulte, je considère ma double origine comme un atout qui me permet de voir le monde sous plusieurs angles. Je ne me range pas parmi les juifs mais quand je vois des photos de femmes et d'enfants juifs sur le point d'être exterminés par les nazis, je reconnais ma mère parmi ces femmes et je pense : « Si Dieu ne l'avait pas sauvée, je n'existerais pas. » Et je ne supporte pas d'entendre les leaders noirs parler des « juifs esclavagistes ! » intoxiquant les leurs de mensonges. Il n'y avait peut-être pas plus de sept juifs à posséder des esclaves dans le Sud avant la guerre civile. Mais je suis également exaspéré quand des leaders juifs stigmatisent à coups de statistiques, la sauvagerie, la violence et surtout « l'animalité » (terme très employé de nos jours à propos des gens de couleur) des Américains noirs.

À l'école, je me heurtais à d'autres préjugés. Mes copains blancs me croyaient champion de claquettes comme tout ceux de ma race. À mon vif regret, je n'étais absolument pas doué. Mes sœurs imitaient toutes les vedettes de l'époque. « Viens danser ! » me criaient-elles en s'exerçant au boogy-boogy. Maman elle-même se joignait au groupe et tanguait autour de la pièce. Je finissais par sauter à l'eau et surnageais cahin-caha jusqu'à ce que quelqu'un m'avertît : « Laisse tomber, ce n'est pas ton truc. »

Mais en classe les élèves me persuadèrent que j'avais des talents secrets et je me retrouvai un jour sur l'estrade, chaussé des souliers de danse de mon frère et les doigts glissés dans des bretelles, copie conforme du modèle déposé. Dès que l'on eut mis en route le disque, mes pieds cliquetèrent, m'entraînant d'un côté et j'entonnai : « HOOO, SKHABBA-NA ! » La classe explosa de joie, le professeur lui-même sourit. Ils croyaient vraiment en mes dons. Ravis de les avoir bluffés, j'acceptai d'exécuter un bis. Je me déhanchai, martelai le plancher et conclus ma performance par un saut qui faillit m'expédier dans le tableau noir. À mon « YOUPEE ! » triomphal répondirent des hurlements d'enthousiasme. Je regagnai mon banc sous les ovations. L'impression d'être enfin accepté par autrui me faisait rire de bonheur. Et soudain, je décelai une fausse note au sein des « Vivats ! » l'ironie perçait sous les sourires. La classe se gaussait de ma maladresse et j'éprouvai la même douleur que lorsque mon double, dans le miroir, se moquait de moi. Plus que jamais, je le haïs.

11

Les garçons

S'il y avait une chose que Tateh aimait encore moins que les Aryens, c'étaient les Noirs, et, parmi les Noirs, les hommes. Je devais donc inévitablement tomber amoureuse d'un homme noir. Bien sûr, je ne m'étais pas fixé ce but. J'étais une enfant rebelle mais non dénuée de jugeote et je ne tenais pas à risquer ma vie ou celle d'un Noir par mes imprudences. En ce temps-là, dans le Sud, les gens auraient tué un homme de couleur qui aurait osé jeter les yeux sur une Blanche et auraient chassé la femme de la ville. Qui a le courage de braver de tels dangers ? Mais à l'adolescence, j'éprouvai les désirs de toutes les filles de mon âge : de jolies robes, des rendez-vous d'amour, ces douceurs qui me manquaient. Ma vie se limitait à la boutique. Depuis l'école primaire, rien n'avait changé. Seules les visites en été, aux parents de Mameh à New York interrompaient cette triste routine. Après le départ de mon frère Sam, tout le travail dans le magasin me retomba dessus. Il fallait se hâter afin de ne rien oublier avant l'école, où je courais à sept heures du matin; et quand j'en revenais j'étais de corvée jusqu'à dix heures du soir. J'allais me coucher tombant de fatigue. Il n'y avait de répit que pour le sabbat. Parfois, avec Dédée, je chipais quelques sous dans la caisse pour acheter des revues sentimentales : *Rêves d'amour* ou *Les secrets du cœur*. On obtenait plusieurs vieux numéros pour dix *cents*. Nous les lisions pendant le sabbat, à la lueur de la bougie (l'électricité étant interdite). On n'avait pas le droit de jouer mais la lecture était permise.

Vers qui, vers quoi nous tourner pour recevoir un peu d'affection ? Le samedi matin, nous allions tous à la synagogue mais nous n'y avions pas d'amis et mon père traitait mal ma mère. Ce qu'il préférait, lors de nos sorties en famille, c'était une visite à l'élevage de poulets de Portsmouth. Il s'asseyait sur un tabouret, empoignait la première volaille venue et la saignait selon les rites kascher. Dès qu'il les relâchait, les poulets décapités voletaient dans la cour jusqu'à ce que mort s'ensuive. Tateh les ramassait ensuite pour les vendre à nos clients juifs.

Personne évidemment ne m'avait jamais accordé de rendez-vous. Or j'aimais danser, j'avais de longues jambes, j'avais même été sélectionnée pour participer à un spectacle de l'école mais les autres filles avaient protesté qu'elles ne voulaient pas d'une partenaire juive et j'avais renoncé. Il en allait ainsi à la gymnastique, au tennis, personne ne m'acceptait dans son camp. J'aurais payé cher pour être comme tout le monde, une Américaine d'origine protestante, une fille populaire que l'on aurait invitée à danser. Mes parents ne l'auraient bien entendu pas admis. Danser ! Et puis quoi encore ? Des vêtements neufs ? Vous plaisantez ! Tateh décidait de tout à notre place, achetait ou acceptait les laissés-pour-compte du vestiaire juif. Pour lui, il trouvait les moyens de s'offrir une auto neuve chaque année. Un jour tout à fait exceptionnel, il consentit à me payer la paire de mocassins que je lui réclamais sans relâche depuis des semaines. Nous allâmes dans un magasin en ville et un vendeur en sortit d'une boîte. Les mocassins étaient d'au moins deux pointures trop grands.

Mon père s'en aperçut et dit : « Tu flottes là-dedans.

– C'est exactement ce qu'il me faut », répliquai-je.

J'avais peur qu'il ne change d'avis à la dernière minute et le vendeur qui n'avait qu'un désir : se débarrasser de sa camelote, renchérit : « Mademoiselle a raison, révérend Shilsky. Ils lui vont parfaitement. » Tateh grommela quelque chose et sortit son portefeuille.

Les mocassins étaient si longs que mes pieds tanguaient à l'intérieur avec une sorte de couinement. On aurait dit que je glissais sur des flaques. Quand je les mis pour aller à l'école, les élèves remarquèrent que je les perdais à chaque pas. Ma démarche provoqua de tels fous rires que je renonçai à les porter.

Bien qu'aucun garçon ne m'accordât la moindre attention, je réussis à me trouver un petit ami. Peu lui importait que je sois juive et mal fringuée. Il ne me jugeait pas. C'est la première chose que j'appréciai chez lui et plus tard chez les Noirs : ils ne vous jugent jamais. Aujourd'hui encore, ils ne me demandent pas combien je gagne, ni à quelle école vont mes enfants, ils m'acceptent comme je suis. Ce sont des gens confiants et chaleureux, le contraire de ces imbéciles qui, à la télé, dégainent leur revolver pour un oui ou un non. La plupart des Noirs détestent la violence et le mensonge, c'est pourquoi on abuse d'eux si facilement.

Mon ami se nommait Peter et habitait dans une des maisons en bas de la route. C'était un grand garçon de belle allure avec un sourire éblouissant. Il venait dans notre boutique acheter du Coca-Cola, des biscuits, des chewing-gums, des bricoles. Au début, j'étais trop occupée pour le remarquer. Souvent, je devais abandonner le comptoir pour un autre travail, par exemple pour ajouter un peu de colorant jaune à la margarine que les grossistes nous livraient trop blanche au goût du client, ou pour retirer un quartier de viande du réfrigérateur et en couper un morceau. Mais parfois, lors des visites de Peter, j'avais un instant de répit et, si nous étions seuls, il en profitait pour bavarder, pour me taquiner gentiment. Son sens de l'humour me forçait à rire et peu à peu je guettai ses visites. Il s'arrangeait toujours pour que Tateh ne rôde pas dans les parages, ce qui n'était pas facile car mon père me surveillait de près. Un jour, Peter m'aperçut dans la cour, en train de remplir un bidon de kérosène, et me proposa d'aller me promener avec lui. Il lui fallait un sacré courage, il risquait sa vie. En avait-il pleinement conscience ? Je lui dis : « Si jamais mon père nous surprend, tu auras de gros ennuis. » Tateh n'aurait pas hésité à tirer sur lui, sur moi aussi sans doute. Mais j'étais prête à braver le danger ; la jeunesse, le désir d'aimer, l'emportaient sur la prudence. Impossible de résister au sourire de Peter.

Voilà comment je tombai amoureuse d'un Noir, personne d'autre auparavant ne s'était montré gentil avec moi, à part mon grand-père qui était mort. Et je crois que Peter m'a aimée, lui aussi. Il ne pouvait ignorer que nous jouiions avec le feu. N'importe quel Blanc (et pas seulement ceux du Ku Klux Klan dont la moitié de la ville faisait partie) l'aurait tué si nous avions été surpris. Il n'y en avait que pour la violence à Suffolk. Sous leur apparence polie, hospitalière, les gens restaient des sauvages. La chaleur, la haine, l'alcool rendaient fous et, pour un rien, les doigts appuyaient sur les gachettes. C'est l'atmosphère du Sud, je la sens encore, un air lourd de secrets terribles. Les histoires finissaient souvent dans la rivière, la Nansemond qui coulait derrière chez nous. Les pêcheurs lançaient leurs filets depuis les quais pour attraper des crabes ou des tortues ; parfois c'était un corps humain. Je me souviens d'une de nos clientes, Mrs. Mayfield, dont on a repêché le fils, un garçon de dix-sept ans qui avait été assassiné, attaché à une roue de charrette et expédié parmi les crabes. Ces bêtes-là, ça mange n'importe quoi; je crèverais de faim plutôt que d'y toucher.

Pour en revenir à Peter, nous avions nos secrets, jalousement gardés, nul ne devait soupçonner nos rendez-vous dans la cour ou dans un sentier, derrière la maison. Il m'écrivait des petits mots qu'il glissait sous la porte et le soir du sabbat, tremblant d'émotion, je prétendais que j'avais oublié quelque chose à la boutique et j'allais chercher ses messages. Il me disait qu'il m'aimait et m'indiquait un endroit, une heure, pour nous rencontrer. Il s'y rendait en voiture, je m'étendais sur la banquette arrière pour ne pas être vue et nous allions nous cacher chez des amis qu'il avait, à la campagne.

L'amour avait complètement transformé ma vie. Il me semblait que le soleil brillait pour la première fois et je ne pouvais m'empêcher de sourire. J'aimais, j'étais aimée, rien d'autre n'avait d'importance. Mais alors que je nageais dans le bonheur, les amis de Peter, terrifiés, m'évitaient autant que possible. Quand je m'approchais d'eux, ils s'écartaient et quand ils venaient à la boutique, leurs regards fuyaient les miens. Leur attitude finit par m'inquiéter un peu, pas beaucoup, j'étais trop heureuse. Jusqu'à ce que... Un jour, je constatai que mes règles avaient du retard. J'attendis une semaine, deux, en vain. Et la vérité s'imposa : j'étais enceinte. Je ne pouvais le dire à âme qui vive. Les Blancs, Tateh, auraient tué Peter. J'avais à peine quinze ans. Vers qui me tourner ? Je me réveillais au milieu de la nuit, suant d'angoisse, et sortais sur le balcon pour que ma sœur ne me voie pas pleurer. Un instant, je fus tentée de mettre mon amie Frances au courant mais c'était trop exiger d'elle. Nous étions en 1936 et je courais à la catastrophe, inutile d'entraîner quelqu'un d'autre. Appuyée au balcon, je sanglotais à perdre haleine. Quand je n'avais plus de larmes, je tendais le cou vers le bas de la ville, le quartier où logeait Peter. Et malgré ma panique, je brûlais d'envie de filer le retrouver. Je me disais qu'il parviendrait peut-être à découvrir une solution. Les soirs de pleine lune, je distinguais son toit parmi les autres. Lui, Peter, je l'aurais reconnu dans l'obscurité avec laquelle il se confondait, rien qu'à sa démarche. Était-il rentré chez lui ? En sécurité ? Je savais que le Ku Klux Klan opérait la nuit et depuis qu'on avait repêché le corps du fils Mayfield, je tremblais pour Peter. Qu'aurais-je fait si les autos du Klan étaient passées devant la maison ? Nous nous étions mis hors la loi, lui et moi, toute la Virginie se dressait contre nous. J'étais une jeune fille blanche, tu comprends ? Bien que juive j'appartenais à une classe supérieure. Mais je n'en voulais plus. L'homme que j'aimais était tendre et bon, j'en étais sûre, je le dirais aux gens, je le crierais à tout le monde. « Écoutez-moi, vous autres ! Vos histoires de races n'ont aucun sens ! » Parfois, j'en arrivais à croire que je retournerais l'opinion en ma faveur, parviendrais à convaincre le public que cet homme était innocent, que notre couple méritait d'être accepté. Un soir, je proposai à Peter : « Filons à la campagne et marions-nous. » « Tu rêves ! répondit-il. Je ne me souviens d'aucun exemple d'un Noir qui réussisse à épouser une Blanche en Virginie. Ils me pendront à coup sûr. »

L'angoisse m'affolait, je sentais la même chez lui. Il me dit : « Si jamais les Blancs devinent que tu es enceinte, je suis fichu. »

Je compris qu'il n'y avait aucune échappatoire et que j'avais été idiote d'espérer m'en tirer. À chaque instant, je craignais de voir surgir le Klan ou Tateh. Mais comme les jours passaient sans que rien se produise, j'en conclus peu à peu que personne ne soupçonnait la vérité, personne de blanc évidemment car les amis de Peter connaissaient notre liaison. Je me trompais, quelqu'un avait deviné.

Un soir que j'avais rejoint Peter dans l'allée derrière la maison, mon bracelet glissa sur le sol pendant que nous discutions de nos malheurs. C'était un bracelet sans aucune valeur, acheté au bazar du coin, mais je l'avais payé avec mon argent de poche et j'y étais attachée. Comme il faisait absolument noir et que nous n'avions ni allumette, ni lampe de poche, il était inutile de le chercher.

Quelques jours plus tard, Maman me rejoignit à la boutique et posa le bracelet sur le comptoir, sans un mot, la mine aussi paisible que d'ordinaire.

Puis en boitillant, elle retourna s'asseoir sur sa petite chaise, près de la porte, là où elle se tenait toujours pour trier les légumes et les ranger dans des caisses.

« Pourquoi n'irais-tu pas, cet été, voir ta grand-mère à New York ? » me dit-elle au bout d'un moment.

12

Papa

Durant ma petite enfance, prenant peu à peu conscience de moi-même, je compris que j'avais un père. Cette idée me frappa lors de la naissance de mon frère Hunter. J'avais cinq ans à l'époque et l'arrivée d'un nouveau bébé dans la famille n'étonna personne. Hunter était le onzième mais j'assistai pour la première fois à une scène qui me frappa : un homme mûr, d'un naturel calme, toujours vêtu d'un veston et d'un pantalon de laine que maintenaient des bretelles, saisit Hunter à pleines mains et l'éleva au-dessus de sa tête dans un élan si joyeux que je partageai son bonheur. Ainsi Hunter Jordan Senior présentait-il son fils au monde.

Auparavant, ce mot de « père » n'avait pas grand sens pour moi. J'avais été conçu par un certain Andrew McBride qui était mort juste avant ma naissance et je ne connaissais d'autres autorités que celles de ma mère, de mes aînés, des amis de Maman, des parents de mon père et de mon beau-père, tous ces gens à qui je saurais gré plus tard d'avoir guidé ma vie. Parmi ces bienfaiteurs et alliés se précisa peu à peu une figure dominante qui allait et venait, toujours sur la brèche. Mon beau-père travaillait aux chaudières des immeubles communautaires où nous habitions alors. Il rencontra Maman peu après la mort de mon père. Elle vendait des plats garnis au profit de l'église et il lui acheta une assiette de côtelettes. Il revint la semaine suivante, puis celle d'après, puis une troisième, et ainsi de suite ; jamais on ne vit pareil amateur de côtelettes. Finalement, il demanda à Maman : « Allez-vous parfois au cinéma ?

– Oui, dit-elle, mais j'ai huit gosses et ils y vont aussi.

– C'est presque assez pour une équipe de base-ball », remarqua-t-il.

Après avoir épousé ma mère, il ajouta quatre membres à ladite équipe et jamais il n'y eut la moindre différence de traitement entre les enfants McBride et les petits Jordan. Jamais je ne considérai un frère et une sœur comme « à demi » de mon sang. Pour nous, les plus jeunes qui dépendions des grands, il n'y avait qu'un Papa, lui. Pour mes aînés immédiats, il était tour à tour Papa et Mr. Hunter ; pour les grands, qui se souvenaient de leur vrai père, il était Mr. Hunter et parfois ils se moquaient derrière son dos de son accent du Sud ou de sa lenteur. Mais nous l'aimions tous et le respections.

J'avais six ou sept ans lorsqu'il nous conduisit à notre future maison dans le Queens. Il parqua la voiture devant un grand bâtiment couvert de crépi rose et disparut à l'intérieur tandis que nous jouions sur la pelouse de devant; nos coups de pieds arrachaient des plaques d'herbe, nous piétinions les massifs et une pierre mal lancée brisa même une fenêtre. Quand Papa revint, l'un de nous lui demanda : « À qui est cette maison ? » et il éclata de rire. Jamais je ne l'avais entendu rire aussi fort. Quand il reprit son souffle, il nous apprit qu'il avait économisé toute sa vie afin de s'acheter cette propriété.

Homme bourru mais d'un caractère égal et très enclin à l'humour, mon beau-père protégeait jalousement ses habitudes. Malgré l'affection qu'il nous portait, il répugnait à partager le chaos du foyer et avait gardé son « chez lui », un vieil appartement de Brooklyn, tanière sombre, encombrée de meubles anciens et de disques de Nat King Cole.

Il descendait d'un cheminot noir et d'une métis afro-indienne à qui il devait ses hautes pommettes, ses yeux bridés et son teint battu des vents comme celui d'un cow-boy. Il avait fait ses études à Richmond (Virginie), où s'était établie sa famille : de bons vivants mais dotés d'une volonté de fer et qu'il valait mieux ne pas contredire. Ils vous fixaient droit dans les yeux et leurs opinions semblaient aussi solidement implantées que les clous que ces bricoleurs d'élite enfonçaient dans les murs. Aucune machine, pompe, moteur, ne leur résistait.

Durant l'été 1927, le jeune Hunter s'enfuit de Richmond où un shérif l'avait envoyé en prison pour le punir d'avoir regardé par-dessous la tente d'un cirque dont il n'avait pas payé l'entrée. Mais le shérif laissa la porte de la cellule ouverte pendant l'heure du déjeuner et mon beau-père en profita. Il sauta dans le premier train venu et gagna Chicago où vivait son frère Walter. Il y travailla aux abattoirs, y fut volé, roulé, escroqué, prit la ville en grippe et la quitta pour Detroit où Walter s'établit coiffeur tandis que Hunter devenait cireur de souliers. À l'en croire, il avait ciré les bottines d'Henry Ford. Durant la prohibition, il alla chercher fortune à New York où d'autres frères tenaient une distillerie clandestine à Brooklyn. Un jour, en l'absence de Hunter, les alambics se brisèrent et tant d'alcool s'écoula sur le sol que le locataire du dessous n'eut qu'à placer une cruche sous la fuite pour se soûler toute la nuit. Il sortit dans la rue en chantant malgré les efforts de Hunter pour le calmer. Peu de temps après, la police effectua une descente dans le petit labo. Serrant ses précieux bidons contre son cœur, mon beau-père sauta par la fenêtre pour atterrir dans les bras des agents fédéraux. À nouveau ce fut la prison. Maman et lui évitaient de parler de ses exploits et par la suite, il se rangea.

Il avait quatre frères, tous de joyeux lurons. C'était à qui serait le plus élégant, travaillerait et boirait le plus. Ils s'habillaient superbement, s'entouraient de jolies femmes et jetaient l'argent par les fenêtres. Mon préféré était l'oncle Walter, un noceur infatigable chez qui la famille se réunissait pour vider quelques bouteilles en écoutant des disques de Nat King Cole et de Charlie Parker. Maman qui ne buvait jamais n'appréciait guère ces petites fêtes, l'alcool figurait en tête de sa liste d'interdits et, sur le chemin du retour, elle grondait son mari. Il veillait à rouler lentement, si possible derrière un bus qu'il ne doublait jamais. « Comme ça, je n'aurai pas d'amende pour excès de vitesse », répétait-il. Quand une auto finissait par nous doubler, son conducteur hurlait par la fenêtre : « Tire-toi de là, paysan ! » Mon beau-père ne daignait pas répondre, nous pouffions sur la banquette arrière mais en nous recroquevillant de crainte d'être reconnus par un copain.

Chaque été, Hunter emmenait une demi-douzaine d'entre nous chez sa cousine Clemy à Richmond. Nous y mangions les melons d'eau de son jardin, nous promenions sur son poney et faisions connaissance avec les parents du Sud, des gens extraordinaires qui enlevaient leurs dents pour boire de la bière. L'oncle Henry gardait précieusement la sienne, une dent en or qui lui illuminait la bouche. Il était mécanicien et avait été décoré durant la Seconde Guerre mondiale. J'entends encore son rire qui vibrait comme un turbo.

Nous étions si nombreux qu'il fallait deux voitures pour descendre dans le Sud. Mon beau-père et Maman roulaient dans l'une, les oncles Walter et Henry dans l'autre ; nous nous partagions entre les deux. Un soir, comme nous regagnions New York, l'oncle Henry qui avait bu un coup de trop dépassa le cent vingt à l'heure. « Vas-y, petite fonceuse ! » jubilait-il en écrasant l'accélérateur. Par la lunette arrière, je constatai que la voiture de mon beau-père, juste derrière nous une minute plus tôt, avait disparu à l'horizon. « Pour l'amour du ciel, Henry, ralentis ! », cria l'oncle Walter assis à côté du conducteur, mais son frère ne voulut rien savoir. Quand plus tard, il consentit à s'arrêter sur une aire de repos, la voiture de mon beau-père nous rejoignit et s'arrêta dans un grincement de pneus. Hunter en sauta si sauvagement qu'il en perdit son chapeau.

« Sacré nom, Henry, tu es fou ! » tonna-t-il.

Walter le tira par la manche tandis que Henry qui était pourtant l'aîné et le plus grand battait en retraite en marmonnant des excuses. Mon beau-père se mettait si rarement en colère que chaque fois que cela se produisait, l'entourage en restait ébahi. « J'en ai assez de vous deux ! » lança-t-il à Walter et à Henry tout penauds, puis il leur arracha les gosses qu'il leur avait confiés.

C'était un drôle de type que Hunter Hordan. Il ne ressemblait guère aux pères de mes amis, qui étaient plus jeunes, conduisaient des voitures neuves, discutaient des droits civils, nous défiaient à la course. Lui, ne s'intéressait qu'à nos études, ne vibrait que lors des services à l'église. Je le revois encore, le jour de ma confirmation, lorsqu'il apparut dans l'assistance, vêtu d'une chemise boutonnée jusqu'au menton, coiffé d'un chapeau crânement incliné sur le côté. Il se découvrit respectueusement devant mon professeur de l'école du dimanche mais refusa d'engager la conversation. « C'est très bien, merci », marmonna-t-il en me prenant la main pour m'entraîner à l'écart.

Une épreuve survint qui ébranla sa souriante philosophie. En 1969, il reçut une lettre de la mairie de New York lui annonçant qu'elle expropriait la bicoque dans laquelle il logeait à Brooklyn. On allait démolir le bloc pour édifier des ensembles à faibles loyers. Hunter eut l'impression que le ciel lui tombait sur la tête. Cette bâtisse de briques était son refuge, sa joie et sa fierté. Il entretenait avec un soin méticuleux les pièces qu'il avait retapées, rénovées. On lui donna 13 000 dollars et il partit, la mort dans l'âme. Vingt ans plus tard, quand je passai dans les parages, je remarquai le terrain vague qui s'étendait là où mon beau-père avait vécu. Les dernières maisons s'arrachaient à 350 000 dollars. Quel gâchis !

Accablé par le sort, il vint chez nous, aménagea le sous-sol et y entassa ses meubles anciens, son tourne-disque et la petite glacière où il gardait ses boîtes de pieds de cochon et ses bouteilles de bière. À présent, il avait soixante-douze ans et touchait sa retraite. De temps à autre, il donnait un coup de main à son frère Walter qui s'occupait de chaudières. Mais son cœur était resté à Brooklyn. Une nuit, trois années après son déménagement, il surgit dans la cuisine en vacillant. « J'ai mal à la tête », se plaignit-il. Dans l'heure, une ambulance vint le chercher. J'interrogeai Maman qui y montait avec lui. « Qu'est-ce qu'il a ? » Elle ne répondit pas mais à ses yeux rouges, à sa mine tendue, à ses doigts crispés sur la manche de son mari, je compris que c'était grave.

Il avait une attaque. Durant les deux semaines où il séjourna à l'hôpital, je vagabondai avec mes amis, rentrant à la maison le plus tard possible. Maman me força à lui rendre visite et quand je pénétrai dans sa chambre, j'eus un choc. Son visage grimaçait légèrement d'un côté, il n'était plus capable de parler, ni de bouger le bras droit. Je regardai sa main si puissante, qui avait manié des tuyaux, des tenailles, des milliers de fois et qui reposait bandée, inerte, reliée à un goutte-à-goutte. Maman se tenait à son chevet, le visage blême. Ma sœur Kathy, la préférée de mon beau-père, entra, écarquilla les yeux et recula horrifiée. Elle ne supportait pas de le voir ainsi. Le front contre la vitre, elle fondit en larmes. Mon beau-père leva sa main valide et émit une sorte de gargouillement. Aussitôt, Kathy pivota sur elle-même pour se jeter sur le lit en sanglotant. Bouleversé, je quittai la pièce.

Quand Hunter revint à la maison, il semblait sur la voie de la guérison et s'exprimait presque normalement. Peu à peu, il récupérait ses forces, tapi chez lui, dans son sous-sol, mais Maman avait toujours les yeux rouges. Un jour, il me convoqua en bas et me demanda de l'aider à s'habiller. « J'ai envie d'aller faire un tour en auto », me dit-il. À cette époque, j'étais le plus âgé des gosses présents au foyer ; leurs études avaient entraîné mes aînés ailleurs. Je lui enfilai ses pantalons de laine, son gilet, son manteau bleu, lui tendis son chapeau. Malgré sa maigreur, il avait encore de l'allure. Il monta lentement les escaliers et nous sortîmes ; le soleil de mai ne chauffait pas encore beaucoup. Quand nous fûmes assis dans sa Pontiac dorée, il me confia : « J'aimerais descendre encore une fois chez moi. » Il désignait ainsi Richmond, en Virginie, le pays de son enfance. Mais il était trop faible pour conduire et nous demeurâmes sur place, immobiles sur nos sièges, face au mur du garage.

Il me dit qu'il avait économisé un peu d'argent pour Maman et qu'il avait un petit terrain en Virginie mais que cela ne nous suffirait pas. Il ajouta que, puisque j'étais à présent l'aîné à la maison, il comptait sur moi pour prendre soin de Maman et des petits. « Vous m'êtes tous précieux, conclut-il. Tous autant que vous êtes. » C'était la première fois qu'il faisait une discrète allusion à nos origines différentes. Je m'en aperçus à peine, tant la soudaine certitude qu'il allait mourir m'accablait. Je voulais lui dire que je l'aimais, qu'il s'en tirerait, mais les mots ne venaient pas. Nous n'avions jamais bavardé ensemble auparavant. Il nous arrivait d'échanger une plaisanterie, ou bien il m'interrogeait sur mes études. Contrairement à Maman, il n'aimait pas le dialogue.

Deux jours plus tard, il eut une rechute et l'ambulance l'emporta à nouveau. À quatre heures du matin, la sonnerie retentit chez nous. Kathy et moi nous étions en haut, l'oreille tendue. Nous entendîmes mon frère Richie, de passage à la maison, dire à Maman : « C'est comme ça, Maman, ça vaut mieux.

– Non, non, cria Maman. Ça ne vaut pas mieux », et elle se mit à gémir. Ses plaintes pénétrèrent les murs, envahirent jusqu'au moindre recoin, jusqu'à nos lits où nous pleurions en silence.

13

New York

Maman, ma petite Mameh, avait tout deviné. Elle savait que j'étais enceinte. Comment ? Elle passait ses journées à trier les légumes en nous surveillant Dédée et moi. Nous étions deux jeunes filles, les hommes nous guettaient, pas un instant elle ne l'oubliait. Mais elle n'en parlait pas. C'était une femme timide, tranquille, plus futée qu'elle n'en avait l'air. Elle dissimulait sa main gauche qu'avait déformé la polio pour ne pas attirer l'attention. En outre, elle n'y voyait presque plus d'un œil et était sujette à de brefs évanouissements, mais malgré sa faiblesse, quelle vigilance ! Elle ne tarda pas à remarquer que je me rongeais les sangs à la maison et, comme souvent durant l'été, elle insista pour m'envoyer dans sa famille, par le bus. Le trajet aller simple coûtait dix-neuf dollars.

Elle avait cinq sœurs et un frère à New York, tous très à l'aise financièrement. Ma tante Laura et son mari, Paul Schiffman, possédaient deux appartements, un dans le Bronx, un autre à Harlem. Mon oncle Hal était propriétaire d'une « Delicatessen », épicerie kascher à Brooklyn. Ma tante Bernadette avait épousé un fourreur ; ma tante Mary dirigeait un atelier de cuirs et peaux. C'était une drôle de famille, chacun s'efforçait de contrôler ses sentiments, mais quand ils explosaient, quels dégâts ! Ma tante Rhoda (j'ai oublié ce qu'elle faisait) ne parlait plus à sa sœur Bernadette depuis quinze ans. Nul n'aurait osé demander pourquoi, et moi moins que quiconque. J'étais la cousine pauvre qui débarquait du Sud. Ils nous considéraient, ma mère et moi, comme des « pièces rapportées » parce que nous étions les dernières à avoir émigré et n'étions pas de vraies Américaines. Mais j'adorais me rendre dans le Nord. C'était surtout New York qui m'attirait, me grisait. Tout le monde y semblait trop occupé pour se soucier de votre race ou de votre religion.

Je m'étonnais de voir les gens se bousculer du matin au soir. « Pourquoi se pressent-ils autant ? » me demandais-je. Peu à peu leur fièvre me gagnait à on tour et je me glissais dans leurs rangs pour courir, moi aussi, sans but précis, pour le simple plaisir de courir.

Lors de mes séjours, je logeais tantôt chez ma grand-mère, tantôt chez une tante, Mary ou Laura. La tante Laura, la plus âgée et la plus riche, était une femme pointilleuse dont l'élégance m'éblouissait. Elle portait de longs gants blancs, des robes de haute couture et vivait dans un somptueux appartement du West End. Une domestique allemande veillait à ce que les planchers soient toujours cirés de frais et les meubles d'acajou polis mais personne ne pouvait rivaliser avec les dons de ménagère de tante Laura. Elle n'hésitait pas à se mettre à genoux pour récurer sa cuisine. Comme tous les gens de son milieu, elle passait l'été au bord de la mer où elle avait une petite villa.

Tante Mary résidait plus modestement dans le Bronx et se consacrait à son atelier de cuirs et peaux où ses ouvriers confectionnaient des doublures de manteaux, des manchons, chapeaux, etc. Je travaillais chez elle sur une machine qui découpait des ceintures. « Rachel, fais ceci, fais cela, mais dépêche-toi donc », me harcelait ma tante et je m'empressais de m'exécuter. Elle était âpre au gain et répugnait à la dépense. Avec l'aide d'amis fourreurs, elle avait réussi à s'imposer comme femme d'affaires. Dans les années trente, ce n'était pas si courant.

Ses deux filles, Loïs et Enid, avaient à peu près mon âge, pourtant nous ne nous parlions guère. Elles ne pénétraient jamais dans l'atelier, demeurant sous la garde d'une domestique noire. Toute la journée, elles se gavaient de biscuits au chocolat fourré. J'en raffolais mais n'y avais pas droit. Le dimanche, leur bonne les habillait de blanc, de jolies robes amidonnées, et elles s'admiraient mutuellement devant la glace.

« Oh, ce que tu es chic, ma chère ! minaudait l'une.

– Merci, ma chère, répondait l'autre.

– Es-tu prête à partir ?

– Bien sûr, sœurette, allons-y. »

La bonne leur tendait leur sac et leur écharpe et elles trottinaient au cinéma, au coin de la rue. Jamais elles ne songèrent à m'inviter. Si je voulais voir un film, je devais y aller de mon côté, à mes frais. Je restais donc à la maison. La famille m'offrait le vivre et le couvert, un point c'est tout. Elle n'avait pas d'amour à revendre, ni moi non plus. Après la mort du grand-père, une seule personne m'aimait, ma grand-mère, Bubeh. Devenue veuve, elle avait quitté son appartement de Manhattan pour s'établir à Brooklyn, dans un immeuble qui appartenait à un oncle. C'était une petite femme grassouillette, chaleureuse et drôle, qui ne parlait pas l'anglais. Après son arrivée en Amérique, elle renonça à la perruque qu'elle portait en Europe et noua ses longs cheveux blancs en un chignon par-dessus sa tête. Toujours pimpante, elle lavait et repassait quotidiennement ses robes d'intérieur. Pour chaque repas, elle changeait les dessus de table immaculés, selon les rites kascher. Moi, j'étais incapable de repasser. Je n'étais bonne qu'à tenir un livre de comptes, à scier du bois, pomper du kérosène, casser de la glace avec un pic ; pour les « ouvrages de dames », à commencer par la cuisine, inutile d'insister. Ton père n'a pas tardé à le comprendre.

Bubeh souffrait de diabète et il fallait lui administrer de l'insuline chaque jour ; c'était tante Betsy qui s'en chargeait. Il y avait toujours une réserve d'oranges et de pamplemousses à la maison pour fournir un apport en sucre en cas de besoin. J'en étais responsable et je demeurais en permanence sur le qui-vive. Quand Bubeh faisait la sieste, j'entrais dans sa chambre pour m'assurer qu'elle respirait. Au moindre mouvement, je la réveillais.

« Qu'y a-t-il ? » me demandait-elle.

Je ne savais que répondre. Je murmurais : « Tu dors ?

– Oui, mais je peux parler en dormant. Bavardons un peu. Comment vas-tu, Rachel ? »

Dieu qu'elle était gentille avec moi ! Je me souviens du jour où elle m'emmena pour la première fois nous promener en trolley-bus. Je penchais la tête par la fenêtre et le vent me soufflait dans les cheveux. J'adorais la vitesse, les trolleys, les trains, les patins à roulettes. Bubeh préférait s'asseoir sur un banc du parc avec son tricot ou son crochet. Elle tenait une sorte de salon parmi ses vieilles amies, des juives émigrées que l'Amérique ahurissait. « Les jeunes n'aiment que la vitesse, remarquait Bubeh. Si j'écoutais ma petite-fille nous roulerions en trolley toute la journée.

– Oui, oui, opinaient les vieilles dames. Du calme Rachel. Mieux vaut rester à la maison. C'est la place des filles sages. »

J'en riais.

À cette époque, tante Betsy habitait encore avec Bubeh. Elle travaillait comme comptable dans une lingerie de Manhattan. Avec ses yeux noirs, ses boucles brunes, ses robes élégantes, son parfum, elle me paraissait particulièrement jolie. Ses amies et elle comparaient les soldes qu'elles avaient découverts dans les grands magasins et en les écoutant j'avais l'impression d'être devenue adulte. Durant l'été 1936, tante Betsy qui avait du flair devina que la petite cousine qui venait d'arriver avait un problème. Je n'en soufflais mot mais ma mine me trahissait. À force d'être interrogée : « Qu'est-ce qui te turlupine, Rachel ? » je finis par avouer. Elle ne me posa plus de questions et se contenta de décrocher son téléphone. Dès qu'elle eut l'adresse d'un médecin juif de Manhattan, elle prit rendez-vous, me conduisit au cabinet, et paya pour l'avortement. Ce fut une expérience horrible car il procéda sans anesthésie. J'eus si mal ensuite que je ne pouvais plus marcher. Nous avons attendu, tante Betsy et moi, assises sous le porche du médecin. Tout en pleurant, je me répandis en excuses : « Pardonne-moi. Tous ces ennuis que je te cause !

– N'en parlons plus, répondit tante Betsy. Mais ne recommence jamais. »

Je lui suis encore reconnaissante pour son aide ce jour-là, même si elle m'a claqué la porte au nez cinq années plus tard. Mais ce terrible été, que serais-je devenue sans elle ? Et elle n'avait aucune raison de voler à mon secours. Je n'étais pas sa fille, elle avait sa propre vie à mener, ses propres soucis. Les sœurs de ma mère étaient toutes des maîtresses femmes qui tenaient à réussir et quand un obstacle se dressait sur leur route, elles le balayaient, comme une poussière que l'on cache sous le tapis. Elles s'acharnaient à devenir de pures Américaines, mais à quel prix ? À quoi fallait-il renoncer ? Tu sais ce qui arrive quand on verse de l'eau par terre, il y a toujours une fente dans le plancher par laquelle elle réussit à s'infiltrer.

14

Monsieur Poulet

Après la mort de mon beau-père, Maman demeura hébétée durant des mois. Elle marchait comme une aveugle et ne vivait plus que mécaniquement. Elle donna aux œuvres de charité les vêtements, chapeaux, outils du défunt. Comme elle s'efforçait de maintenir en équilibre l'habituel chaos de notre foyer et de s'intéresser à nos études, on put croire qu'elle remonterait la pente, mais le cœur n'y était plus. La nuit, elle s'attardait des heures durant assise à la table de la cuisine, complètement perdue dans ses pensées. Parfois, elle entamait une phrase, s'interrompait au milieu et sortait en se couvrant la face. Parfois, nous l'entendions pleurer, mais jamais elle ne versa une larme devant nous. La Pontiac dorée de Hunter restait parquée devant la maison, les feuilles mortes engloutissaient les pneus, les crottes d'oiseaux tachaient le toit. « Je vais apprendre à conduire », répétait Maman, pour renoncer aussitôt à ce projet en faveur de la bicyclette ou des leçons de piano. Lentement, péniblement, elle jouait son hymne favori « Jésus est mon berger », détachant chaque note comme si elles n'avaient aucun rapport entre elles. Quand ces miettes de musique crépitaient dans la maison, je me plongeais sous mes couvertures ou mieux, je filais à l'air libre. Personne ne pouvait plus me l'interdire.

Bientôt, mes résultats scolaires en souffrirent. D'élève honorable, je tombai au rang de cancre. Chaque matin, je partais pour l'école et j'allais... ailleurs. Comme Maman une génération plus tôt, je ne pensais qu'à fuir. En prenant le large, j'espérais éviter la contagion de son chagrin. Après des années d'attente, j'étais enfin seigneur et maître au foyer et pouvais régenter les petits, les brimer comme je l'avais été ; mais cela ne m'intéressait guère. J'abandonnai aussi l'église, de crainte de croiser mon parrain qui ne badinait pas avec la religion. Je fus le premier gosse du quartier à fumer des cigarettes puis du chanvre. Je me joignis à un groupe de musique « soul » dans lequel je jouai du saxo, de la flûte, de la contrebasse, selon l'instrument que j'avais sous la main. Nous consommions du hasch, buvions n'importe quel tord-boyaux et répétions dans la cave de la mère d'un copain. Nous n'avions aucun souci, notre formation se taillait son petit succès et nous plaisions aux filles dont j'avais pourtant, à quatorze ans, une frousse terrible. Mes nouveaux amis, des délurés qui se nommaient Chink, Pig ou Bucky, me couvraient d'éloges : « Mais oui, vas-y ! Mets la gomme, vieux ! Tu en as ! »

Ensemble nous volions à la tire dans les magasins, les voitures, ou dévalisions les trains de marchandises. Nous dérobions aussi des vélos, des postes de télé, de l'alcool. Un jour, un flic nous surprit alors que nous partions en expédition. Il nous aligna contre un wagon et nous fouilla. D'un coup de matraque, il fendit le front d'un gosse qui jurait ne pas appartenir à notre bande. Il nous garda pendant près d'une heure au dépôt de chemin de fer, agitant son revolver sous nos nez et nous menaçant : « Salauds de nègres ! Je devrais vous descendre comme des lapins. » Nous pensions que notre compte était bon mais il finit par nous laisser partir et nous recommençâmes à voler.

Un soir, nous avons trouvé une cargaison de vin si abondante que le quartier n'a pas dessoûlé durant une semaine. Mais peu après, les flics surprirent quatre des nôtres en train de se partager des bouteilles au fond d'une impasse. Deux voitures de police, tous phares allumés, bouchèrent l'unique issue pendant que notre troupe s'éparpillait dans les arrière-cours environnantes. Comme je courais derrière Marvin, un empoté, je dus, pour échapper à l'ennemi, escalader une balustrade qui donnait sur un terrain vague. Me sentant repéré, je me blottis sous un vieux camion abandonné où j'attendis, tremblant, serrant contre moi ma bouteille de mauvais pinard. De ma cachette, je voyais approcher les souliers du flic et briller la lumière de sa torche électrique. J'en grelottais de peur. Quand il renonça à me chercher, j'en fus si soulagé que je vidai mon litron. Après quoi, mon copain Joe dut me porter jusqu'à la maison où il me posa sur le seuil. Je me relevai cahin-caha, pissai face à mes sœurs qui étaient accourues et perdis à nouveau connaissance. Quand je revins à moi, Maman, assise à mon chevet, brandissait sa célèbre ceinture. Elle me fouetta jusqu'au sang et pleura plus que moi. Ce châtiment ne servit à rien. Ma bande de voyous me tenait lieu de famille. Ma mère, mes frères et sœurs, n'étaient plus que des gens chez lesquels j'habitais.

Sans doute étais-je en guerre contre moi-même mais pour rien au monde je ne l'aurais admis. Avec la mort de mon beau-père, le fragile équilibre que Maman avait réussi à imposer à son tumultueux foyer se fissura ; elle n'avait plus la force de reprendre les choses en main. Aspirant à oublier les recommandations que m'avait adressées Hunter, j'évitais la maison le plus possible, fuyais ma mère qui n'avait plus personne sur qui s'appuyer. En outre, elle ne parvenait plus à joindre les deux bouts. Son maigre salaire de secrétaire et les allocations familiales ne suffisaient pas à payer les notes de chauffage, d'électricité, de téléphone. Chaque sou servait aux études de mes aînés. Je voyais le foyer faire naufrage mais je ne voulais pas le savoir. Le besoin de fric me poussa à voler du chanvre ; j'en avais planqué près de la voie ferrée. Quand mes réserves furent épuisées, je convainquis mon copain Joe de voler un revendeur qui en possédait une jolie provision. Joe avait un revolver, moi le rasoir-sabre déniché dans les affaires de mon beau-père. Nous débarquâmes chez le revendeur, lui bondîmes dessus et, comme il se débattait, je le frappai de toutes mes forces. Après l'avoir dévalisé, nous prîmes le large. En chemin, j'arrachai son sac à une vieille dame qui poussa des cris aigus. Son porte-monnaie contenait un dollar et cinquante *cents*. Ému par la pauvreté de notre victime, Joe refusa de recommencer. Désormais, j'opérerais donc seul. Je guettais dans une encoignure de porte les femmes qui descendaient du bus et je saisissais leur sac. Leurs plaintes, leur frousse perçaient ma cuirasse de petit caïd mais j'avais l'impression de riposter à des injustices qui m'avaient accablé. Si l'on m'avait demandé lesquelles j'aurais été bien en peine de répondre. Sans doute détroussais-je ces inconnues comme on avait détroussé ma mère des années plus tôt mais je n'établissais aucun rapport entre ces deux actes ; j'avais étouffé tout sentiment en moi. Chaque fois que j'éprouvais un soupçon de remord, je le refoulais, comme on flanque un objet qui traîne dans un tiroir. L'alcool et le hasch m'aidaient à oublier. L'ennui, c'est qu'il m'en fallait de plus en plus.

Je veillai à dissimuler ma vie de hors-la-loi à Maman. J'avais dérobé à l'école les formulaires sur lesquels on inscrivait les rapports mensuels. Restait à les remplir pour que Maman continuât à ignorer mes déplorables résultats. Craignant que mon écriture ne fût reconnaissable, je demandai à ma sœur Kathy de s'en charger. Mais au lieu des « A » que je décrochais d'ordinaire, elle recopia les « C » qui figuraient sur le modèle que je lui montrai et Maman, convaincue qu'il y avait une erreur, téléphona à l'école. Comme la foudre, la vérité s'abattit sur elle.

Pas question de me fouetter, j'étais trop âgé à présent, trop fort, trop endurci. Maman m'expédia chez ma demi-sœur Jack qui, remariée, avait quitté Harlem pour Louisville dans le Kentucky.

« Elle t'apprendra à filer doux, m'affirma Maman.

– Cela m'étonnerait », répliquai-je.

J'adorais Jack. C'était une jolie petite femme au regard aigu, au teint cuivré, qui portait parfois des perruques aux bouclettes savamment étagées. Lorsqu'elle allait cuisiner chez les Blancs, elle se couvrait la tête d'un foulard. Elle parlait avec le lent accent du Sud et son sourire permanent dissimulait une vive intelligence. Ayant vécu dix ans à Harlem, elle en savait plus long que moi sur les dangers de la rue.

L'idée de passer les vacances chez elle n'avait rien de menaçant et je m'en réjouissais à l'avance. À trois reprises, je lui avais déjà rendu visite, m'arrangeant pour être expulsé des camps afin d'être recueilli par elle. Entre autres avantages, Jack, avec son nouveau bébé, son emploi à la cafétéria et les soins dont elle entourait son mari, homme exigeant, n'avait guère le temps de me surveiller. Lors de mon premier séjour, elle m'avertit : « Tu veux traîner dans les rues ? Libre à toi. Mais si tu reviens ici avec une arme, c'est moi qui te descendrai. » Elle ne plaisantait pas. Je profitai de ma liberté pour accompagner partout son mari, le grand Richard, qui fréquentait la crème des caïds de Louisville. Quelques-uns de ses amis avaient été poignardés, tabassés ou descendus mais le grand Richard s'en tirait toujours sans une égratignure. Il avait l'esprit vif et le réflexe prompt. En un clin d'œil, il jugeait sous tous ses angles une situation et flairait le danger dès le seuil des boîtes de nuit. « Il se prépare du vilain », disait-il en rebroussant chemin. En général, on apprenait le lendemain que « le vilain » s'était produit.

Richard travaillait par roulement dans une plantation de tabac. Durant ses vingt-quatre heures de relève, nous ne quittions guère « Le

Coin », un bar à quelques kilomètres de chez Jack. Mon apprentissage de la condition d'adulte s'y effectua en douceur, à certains incidents près.

La clientèle du Coin se composait d'ouvriers agricoles, plombiers, charpentiers, peintres en bâtiment, plus quelques artistes ratés et soldats en retraite (qui venaient de Fort Knox, tout près), des employés de l'usine de tabac et les inévitables ivrognes professionnels. Parfois surgissaient des bagarreurs. C'étaient de grands types musclés, vêtus de salopettes et de tricots de corps, qui fumaient des Pall Mall sans filtre et conduisaient de grosses cylindrées. Ils aimaient les jeunes femmes, le whisky de marque, les jeux de hasard et le base-ball dont ils animaient l'équipe locale quand ils étaient à jeun. S'ils avaient fréquemment recours aux coups de poing, ils n'utilisaient guère les armes à feu. Entre eux, ils avaient établi un code d'honneur qui les obligeait à toujours se tenir parole, ne jamais manquer de respect à la femme d'autrui, ne pas boire à la même bouteille qu'un amateur de fellation, châtier qui se servait de dés ou de cartes truqués. Et si quelqu'un se risquait à les menacer d'une arme (une erreur à ne pas commettre), l'imprudent avait intérêt à tirer le premier. Les habitués du Coin portaient des noms comme : « Chipolata », « James le Manchot », ou « Monsieur Poulet ». J'avais un faible pour ce dernier.

Il était moins grand que les autres et son teint avait la couleur ambrée d'un vieux bourbon. Son chapeau de pêcheur à la ligne lui descendait de guingois à mi-visage mais en revanche son pantalon s'arrêtait bien avant les chevilles, dévoilant quelques centimètres de peau et le haut des chaussettes. Il sentait l'alcool et la bière, ses poches débordaient de bonbons pour les enfants qui le suivaient partout. On le voyait approcher à distance et soudain sa silhouette se matérialisait dans la brume de chaleur, zigzaguant comme un oiseau égaré, battant des bras de chaque côté, sourd aux klaxons des automobiles entre lesquelles il tanguait. Quand il arrivait au Coin, vers deux heures de l'après-midi, il était déjà ivre. Il s'installait derrière une caisse de bois comme si c'eut été son bureau et buvait jusqu'à son dernier sou. Les discours qu'il tenait sombraient peu à peu dans l'incohérence mais un instant plus tôt, il avait distribué des conseils pleins de sagesse, voire de philosophie, cherchant à définir le bonheur, la liberté, l'importance de l'argent et des femmes. Les clients du Coin ne lui prêtaient guère attention mais tous serraient les rangs pour le protéger quand les flics débarquaient et posaient des questions. Quelqu'un avait-il vu telle ou telle personne ? Nul ne répondait évidemment ou seulement par des blagues, des rires. Ces hommes n'éprouvaient ni haine, ni crainte, à l'égard de la police. Ils vivaient dans leur monde comme des insulaires, coupés de cet univers blanc que je fuyais. Ils m'avaient surnommé New York et toléraient ma présence, visiteur discret qui demeurait assis là, à jouer de la flûte ou à fumer un pétard. Bien que je n'eusse que quinze ans, je me conduisais comme si j'en avais vingt-cinq ; nul ne s'en souciait, ne me connaissait ni moi, ni mon passé, ni ma mère blanche et mes deux pères noirs. J'étais libre, quel soulagement !

Parmi les amis du grand Richard, je rencontrai un certain Fred qui avait perdu la moitié de ses cheveux dans un incendie. Je l'accompagnais quand il allait, la nuit, voler des batteries de voiture, mais lors d'une de nos expéditions, le propriétaire nous entendit, alluma les lampes sous son porche et nous tira dessus. Nous nous en sortîmes de justesse. « Des coups pareils, ce n'est pas pour toi », me dit Fred. Par la suite, il refusa mon assistance. Quand je protestai que j'avais besoin d'argent, il me dit : « Ne t'en fais pas. Je te trouverai un autre boulot. À la fabrique d'étrons, on gagne plein de fric.

– Qu'est-ce que c'est que cette fabrique d'étrons ?

– Un endroit où on fabrique les étrons, pardi. »

Nous roulions en auto avec le grand Richard qui tétait sa cigarette, les yeux fixés droit devant lui, serrant les lèvres comme s'il réprimait une envie de rire.

« Ça m'intéresserait, dis-je. Que devrais-je y faire ?

– Tu es assis dans un fauteuil et les étrons flottent devant toi, sur un tapis d'eau courante. Tu n'as qu'à séparer les grands des petits.

– Comment ?

– Ils te donnent une sorte de fourche. Mais tu peux employer tes mains si tu préfères. Chacun ses goûts. Le job te tente ?

– Bien sûr. Emmène-moi voir. »

C'est dire si j'étais naïf. Quand j'eus assez fait rire la galerie, les copains me procurèrent une place d'employé dans une station-service des environs. Elle était dirigée par un certain Herman, un gros Noir sourcilleux. Le premier jour, le mécanicien de la station me mit en garde. « Pas d'histoire avec Herman. Il a déjà démoli deux types avant toi. » Pour éviter d'être la troisième victime, je filai doux. Herman semblait en effet prêt à botter les fesses d'un éventuel contradicteur. Chaque soir, avant la fermeture, il me tendait un seau, une serpillère, et m'ordonnait : « Nettoie le plancher. Et ne fume pas pendant le travail. » Il me surveillait sur le seuil, la cigarette à la bouche. Personne ne lui a volé un sou dans sa caisse tout le temps qu'il m'employa.

La besogne : remplir les réservoirs, changer les pneus, etc. ne posait guère de problèmes à condition de ne pas se trouver dans les pieds du patron. Mais un jour, un incident survint qui me valut d'être renvoyé. Un des amis de Herman, une vraie terreur, un type couvert de cicatrices, qui faisait flamber ses allumettes dans la paume de sa main, commença à me serrer de près. C'était un homosexuel et il ne me cachait pas que je lui plaisais, peut-être à cause de ma gueule de puceau ou de mon accent new-yorkais. Toujours est-il qu'il ne se lassait pas de me lutiner. Un après-midi qu'il se montrait particulièrement insistant, je lui décochai un coup de poing dans la gueule. Il plongea sous le siège de sa voiture pour s'emparer d'un pistolet avec lequel il me pourchassa dans tout le garage. Le vacarme attira Herman qui me congédia sur-le-champ. Je me réfugiai au Coin pour y cuver ma colère. Comme j'échafaudais des projets de revanche, Monsieur Poulet qui était relativement sobre me conseilla : « Laisse tomber.

– Non, protestai-je. Ce salaud me le paiera. Dès que j'aurai un fusil, je le descendrai. »

Monsieur Poulet ricana : « Écoutez-moi ce mal mouché ! As-tu envie de finir ta vie en prison pour un mec pareil ? C'est pourtant là où tu iras tout droit. Et si tu restes à glander dans le pays, tu ne finiras nulle part. Ce que j'en dis, c'est ton affaire, pas la mienne.

– Tu as tort de me prendre pour un con, protestai-je. Tu parlerais autrement si tu me connaissais. Je ne suis pas né d'hier, Monsieur Poulet, j'ai plus d'expérience que tu ne crois.

– Et tout le monde s'en fout, répliqua-t-il. De l'expérience, ils en ont tous, au Coin, et de grandes gueules comme la tienne. Si tu étais si malin, pourquoi reviendrais-tu, chaque été, dans ce bled ? Parce que tu as laché l'école ou plutôt parce que l'école t'a laché et, pour elle, bon débarras. Pourquoi voudrait-elle te récupérer ? Un minus comme toi ! Maintenant, si ça te plaît de descendre chez nous et de tirer sur les gens, ne te gêne pas. C'est ta vie, pas la mienne. »

Jamais je n'avais entendu Monsieur Poulet tenir un tel discours et d'abord l'étonnement l'emporta sur la colère. « Il est encore plus soûl que d'habitude », pensai-je et je me moquai de ses avertissements. Mais peu après, un des copains nommé Mike, un brave type d'un mètre quatre-vingt-dix qui lui aussi me conseillait de me ranger, se disputa avec sa petite amie, une jolie Noire que nous appelions Mustang et qui avait un balancement de hanches irrésistible. Emporté par la colère, Mike lui administra une claque si violente que je voulus intervenir. Mais Monsieur Poulet me souffla à l'oreille : « Ne t'en mêle pas. Les histoires entre un homme et sa femme, ça ne regarde qu'eux. » Mustang sauta dans sa voiture et démarra en faisant grincer les pneus. Avant de disparaître, elle nous cria par la fenêtre qu'elle ramènerait son nouvel ami qui tuerait Mike. Le Coin se vida en vitesse. Rien de tel que l'annonce d'un échange de balles pour envoyer tout le monde au lit. Le lendemain, le grand Richard me déconseilla énergiquement de me rendre au Coin mais je passai outre et vis apparaître mon ami Mike à bord de sa longue Buick dont la radio s'égosillait. Il coupa le moteur et sortit en sifflotant, aussi cool que s'il se rendait au bureau. Ayant contourné la voiture, il ouvrit le coffre et en tira une chaise longue puis un fusil à double canon enveloppé dans un torchon. Il déplia le transat devant le Coin, s'assit dessus, retourna chercher une bouteille de scotch et une de vin, les plaça de chaque côté et s'installa au milieu : le fusil dissimulé par le torchon reposait sur ses genoux. « J'ai tout mon temps, nous dit-il paisiblement. J'attendrai jusqu'à ce qu'il vienne. » Il demeura ainsi deux jours à boire et à somnoler, tandis que nous marchions sur la pointe des pieds autour de lui, les yeux braqués sur la route. Mais le nouvel ami de Mustang ne se montra jamais.

Une semaine après, Mike et Mustang entrèrent au Coin bras dessus, bras dessous, se bécotant comme des tourtereaux.

« Voilà pourquoi je ne me mêle jamais des histoires entre un homme et sa femme, me souffla Monsieur Poulet à l'oreille. Il n'y a que des ennuis à gagner. »

Par la suite, il se disputa avec sa propre épouse. La scène eut lieu le matin ; l'après-midi, il l'avait oubliée. Mais la dame avait la rancune plus tenace. Elle le rejoignit le soir et le poignarda tandis qu'il faisait la queue pour s'acheter une bière. Il toussa deux ou trois fois puis glissa sur le sol et mourut.

15

Adieu l'école, adieu l'enfance

Après mon avortement, j'écrivis à Tateh que je ne voulais pas revenir à Suffolk. Je m'inscrivis dans une école de commerce pour filles, à deux pas de chez ma grand-mère. Le niveau était bien supérieur à celui de ma petite ville du Sud et j'avais beau peiner, passer des nuits sur mes livres d'algèbre, je savais que je ne parviendrais jamais à décrocher le diplôme de fin d'année. Je me résignai donc à reprendre le chemin du foyer pour y achever mes études. La première chose que je fis en arrivant, fut d'avertir Pete : « Ne viens plus. Nous ne pouvons plus nous voir. »

Il protesta : « Mais je t'ai attendue. Je t'aime toujours. »

J'en avais le cœur déchiré ; moi aussi je l'aimais encore.

Peu après, comme je tenais la boutique, j'entendis papoter deux jeunes clientes noires. Il était question de Pete.

« Mais si, je t'assure, dit l'une. Il se marie bientôt. »

Je faillis m'évanouir. Mais Tateh était là qui me surveillait. Pour me donner une contenance, je pris un torchon et commençai à essuyer le comptoir, me rapprochant des femmes pour en apprendre plus long. Je compris ainsi que Pete avait engrossé une fille noire du voisinage et qu'il allait l'épouser. C'en était trop. À la première occasion, je me précipitai chez lui. Au point où j'en étais, je me moquais de ma réputation. En plein midi, je courus sur la route et frappai à sa porte.

« Je veux la vérité », lui dis-je.

Il m'avoua qu'il envisageait en effet de se marier. « Mais ce sont mes parents qui m'y forcent, ajouta-t-il.

– Elle est enceinte de toi ?

– Ouais », soupira-t-il en baissant le nez.

Dans un élan de rage, je lui déclarai que tout était fini entre nous, tournai les talons, retraversai le quartier noir et regagnai la boutique. Réfugiée dans la chambre, j'y sanglotai des heures durant.

J'éprouvais autant de colère que de chagrin à l'idée qu'il se payait du bon temps pendant mon atroce séjour à New York. Si le monde avait été mieux fait, nous nous serions mariés. Mais jamais la Virginie d'avant-guerre ne l'aurait admis.

Cette fois c'était décidé : je quitterais Suffolk. Dès ma dernière année d'étude terminée, j'irai voler ailleurs de mes propres ailes. Pas dans le Sud, j'avais choisi New York. Oui mais que deviendrait Mameh ? N'ayant jamais appris l'anglais elle comptait sur moi pour tout lui traduire et pour veiller sur elle ; Tateh ne s'en souciait pas. Comme elle avait de plus en plus de mal à tenir debout, que son estomac la torturait et que parfois elle perdait connaissance au milieu de la journée, mon père avait engagé une Noire pour s'occuper d'elle, une femme qu'il payait une bouchée de pain et qui lui donnait bonne conscience.

Autour de moi, les filles de mon école se préparaient fiévreusement à la cérémonie de la remise des diplômes et dressaient des plans d'avenir. Cela ne me concernait pas. J'avais renoncé à y prendre part, ma place était à New York. Mon amie Frances insista : « S'il te plaît, viens, me répétait-elle. Sans toi, je n'aurai personne à qui parler. » Elle ignorait tout de mes soucis, de mes problèmes, de ma liaison avec Pete et de mon avortement. Si elle devinait que j'étouffais à la maison, elle évitait de m'interroger. Il me sembla que je lui devais à mon tour une faveur et je me résignai à lui promettre que je l'accompagnerais.

Il s'agissait de défiler le jour dit, vêtue d'une toge et coiffée d'une barrette, dans le cortège des élèves de terminale. Après la parade sur la rue principale, nous gagnerions l'église protestante. Je demandai à Tateh de l'argent pour mon uniforme mais quand il apprit que l'église figurait au programme, il refusa. « Oublie ça, dit-il. Tu ne mettras pas les pieds à l'église. » Mes parents avaient gardé les préjugés de la vieille Europe et je pouvais toujours essayer de les raisonner, de les supplier, je perdais ma salive. Que faire ? C'était mon père, j'étais mineure, il n'hésiterait pas à détacher sa ceinture et à me flanquer une raclée. Mon diplôme n'avait aucune valeur à ses yeux. Il ne se souciait que de me voir mariée et avait commencé à m'emmener dans ses voyages d'affaires, chez les grossistes de Portsmouth et de Norfolk. Il me présentait aux commerçants et à leurs fils s'ils en avaient. Il me semblait être exposée comme une marchandise. « Voilà ma fille, une occasion à saisir. » Parfois, il m'envoyait seule ou avec ma sœur. Je conduisais la voiture, chargeais la remorque. « Évitez les quartiers chauds de Norfolk », me conseillaient les gens. Pas facile, il faisait chaud partout.

Et pour comble, voilà qu'il m'interdisait de participer à la remise des diplômes. Je ne lui en parlai plus mais je gardai ma rancune sur le cœur. Ma mère étant pliée en deux par la douleur, il avait de plus en plus besoin de moi. Un jour, il fallut se résigner à conduire Mameh chez le docteur qui suggéra à tout hasard une éventuelle opération. Il n'y connaissait rien. C'était un sale vieux type qui m'avait tripotée en me chuchotant des obscénités à l'oreille, un jour où j'avais été le consulter.

En proie à la colère et au chagrin, j'annonçai à Tateh que je comptais repartir pour New York. Il explosa, jura, me maudit, et claqua la porte. Quelques instants après, Mameh le rejoignit pour lui parler, ce qui était exceptionnel. Et le lendemain, il me donna l'argent nécessaire pour mon uniforme.

« Je t'autorise à défiler, dit-il. Mais tu n'entreras pas à l'église.

– Je suivrai les autres, répondis-je.

– Respecte-nous au moins, ta mère et moi. Obéis aux lois de la Bible. »

Je ne l'écoutai pas.

Le grand jour arriva. Ma sœur et moi ouvrîmes la boutique, disposâmes la marchandise sur les étalages de fruits et légumes, puis je m'installai au comptoir, les yeux fixés sur l'horloge. Mes parents ne m'accompagneraient évidemment pas. J'enfilai ma toge, me coiffai de la barrette et me rendis seule à l'école où j'attendis Frances au coin du parking. Elle accourut en retard ce qui permit aux autres élèves et à leur famille de me dévisager au passage. Comme j'allais m'enfuir, Frances survint. « Écoute, lui dis-je. Je ne suis pas sûre d'entrer dans cette église avec toi. »

Elle me répondit : « Je te comprends, Ruth. Mais si tu n'y vas pas je n'irai pas non plus. »

Je ne pouvais tout de même pas la priver de cérémonie.

« O.K., soupirai-je. Allons-y. »

Nous nous photographiâmes l'une l'autre dans nos beaux costumes puis nous dépêchâmes de rejoindre le cortège. Bientôt les premiers rangs atteignirent le porche de l'église. Je commençai à suer, à trembler, et, juste avant de franchir le seuil, je m'arrêtai. C'était trop pour moi. En mon for intérieur, je savais que, quoique je fasse, j'étais et resterais juive. J'avais commis toutes sortes de péchés mais je n'en demeurais pas moins la fille de mes parents. Frances remarqua mes larmes et revint près de moi mais je la repoussai : « Entre Frances ! Tu ne dois pas manquer la cérémonie à cause de moi. » Elle m'obéit. Elle pleurait, elle aussi. Et depuis le seuil, je la vis qui allait s'asseoir à l'écart.

Je retournai en sanglotant à la maison, dans mon déguisement qui à présent me paraissait ridicule. Et le lendemain, je pris le premier bus pour New York.

16

Leçons de conduite

Peu après mon retour de Louisville, Maman me réveilla un samedi matin en m'annonçant : « Nous allons sortir la voiture. » Elle me flanqua ma petite nièce Z sur les bras, un bébé de deux ans qu'on appelait tout simplement Z, et l'aventure commença.

Mon beau-père entretenait avec un soin maniaque sa Pontiac 1968, une Catalina à la carrosserie dorée et tapissée de cuir bleu. Avant, il avait eu une Chevrolet Impala, achetée en 1965 pour un prix exorbitant. Mais elle était blanc crème avec un intérieur rouge, il l'appelait son « cheeseburger ». C'était une sorte de bombe à retardement. « Jamais je ne prendrai une autre Chevrolet », jurait-il quand la voiture, surchargée d'enfants, s'immobilisait en pleine circulation, fumant, crachotant, suscitant des émotions diverses. Elle calait toutes les cinq minutes. Inutile d'employer la clé pour la faire repartir, il suffisait de tourner à la main le bouton de contact et elle exécutait un bond de panthère. Un soir, un inconnu est monté à bord et l'a chatouillée comme il convenait. Mon beau-père qui essuyait des assiettes, face à la fenêtre de la cuisine a regardé en silence sa bagnole qui filait dans un nuage de fumée bleue, puis il a dit : « C'est mon jour de chance. »

Pour autant que je le sache, Maman n'avait jamais conduit auparavant. Elle avait trop peur et se débrouillait comme personne dans le métro de New York. Mais peu à peu, les transports en commun ne lui suffirent plus ; elle avait tant d'occupations à remplir : nos écoles du soir, son travail à la banque, des rendez-vous tous azimuts. Il nous fallait coûte que coûte une voiture et Maman était décidée à apprendre à conduire. « Tu n'as qu'à me dire ce que je dois faire », me lança-t-elle en s'installant devant le volant. Comment savait-elle que j'avais déjà conduit ? D'abord, en douce, l'auto de mon beau-père, puis des tas d'autres. Jamais ma mère ne me révéla ses sources.

Cette année-là, j'entamai une sorte de mue physique et morale. Au fond de moi, je sentais que mon vieil ami, feu Monsieur Poulet, avait raison. Je n'étais ni plus malin, ni plus fort que les caïds qui fréquentaient le Coin à Louisville et si je suivais leurs traces, je finirais comme eux.

En automne 1973, je décidai de reprendre mes

études, là où je les avais abandonnées. Mais on ne s'assagit pas du jour au lendemain. Il m'était impossible de me passer de chanvre. À la télé, des spécialistes dénonçaient les drogues. « La moindre bouffée de marie-jeanne peut vous rendre accro », affirmaient-ils. J'en riais. « Moi, je peux m'arrêter quand je veux », prétendais-je, sans parvenir à me convaincre moi-même. Tous les soirs, j'échouais chez un dingue dans mon genre, avec qui je vidais des bouteilles et fumais des pétards, après avoir soigneusement colmaté la porte au moyen de torchons pour que l'odeur ne nous trahisse pas. J'essayai aussi le LSD qui me donna des hallucinations. Elles s'emparaient de moi par surprise, quand je marchais dans la rue. Soudain, j'avais l'impression de planer, mes mains se couvraient d'étoiles pourpres. Heureusement que le crack n'existait pas encore, sinon j'en aurais certainement consommé. Quand j'étais à court d'alcool ou de hasch, mon copain Marvin me refilait du sirop pour la toux, une potion qui nous abrutissait et nous donnait la nausée. À mon retour chez nous, Maman s'écriait : « Mais qu'est-ce que tu as ? Tes yeux sont tout rouges et tu pues. » Je n'en avais que plus envie de fumer. La marie-jeanne était mon amie, ma seule protection contre la réalité. Redevenir lucide, c'était voir ma mère qui s'écroulait de fatigue et de chagrin.

À la réflexion, il lui fallut près de dix ans

pour accepter la mort de son mari et sans doute aussi pour s'accepter elle-même, avec toutes les plaies et bosses qu'elle avait récoltées sans se plaindre et qu'elle n'évoqua jamais devant mes aînés gardant pour elle seule ce passé secret qui pesait si lourd. Il y avait la culpabilité d'avoir abandonné sa mère, le regret de s'être séparée de sa sœur, le souvenir obsédant de cette famille juive dispersée aux quatre vents, la fin brutale de son premier mari, que sais-je encore... À chaque instant, je craignais de la voir craquer et sombrer dans la folie. Malgré la crise que je traversais, je mesurais à quel point elle avait besoin d'un point d'appui. Mais bien qu'elle chancelât sous les coups du sort, elle ne tombait pas. Il lui suffisait de bouger pour retrouver un minimum d'équilibre ; elle avait donc recours à la marche, à sa chère bicyclette, aux bus qui la conduisaient à l'autre bout de la ville, dans des supermarchés géants où elle examinait les marchandises des heures entières avant de dépenser cinquante *cents*. Incapable de planifier ses journées, d'enchaîner une action à l'autre, elle courait comme pour sauver sa peau, ou sa santé mentale.

La mécanique qui réglait ses gestes ne fonctionnait plus que par saccades. Après le lever du matin, notre départ pour l'école, le moteur calait et ma mère ne pouvait plus prendre aucune décision. Les plus simples, comme de changer notre vieux téléphone contre un appareil à touches, exigeaient d'infinies délibérations. Si la chaudière tombait en panne, tant pis, elle le resterait. Le désordre qui avait toujours régné chez nous s'était vertigineusement accru. Quand j'allais à la gym, je découvrais dans mon sac des sous-vêtements à la place de mon short. Ma mère disparaissait de la maison pendant des heures et ne pouvait dire à son retour où elle avait été. Après la mort de mon beau-père, elle perdit sa meilleure amie, Irène Johnson, une Noire avec qui elle avait vécu à Harlem dans les années quarante. Irène savait tout ce que Maman avait enduré, l'avait aidée à élever ses premiers enfants, lui avait tenu lieu de sœur. Sa disparition accabla Maman. Hébétée, elle déambulait dans la cuisine, s'accrochait à l'évier pour laver et relaver des dizaines de fois la même casserole. « Tire-toi de là », me lançait-elle quand je m'approchais.

Elle n'avait plus d'autre interlocuteur que Dieu. La petite juive qui tremblait à l'idée d'entrer dans une église chrétienne priait Jésus à chaque instant, lui confiait sa douleur, implorait son secours. Tous les dimanches, si lasse qu'elle fût, elle se mettait sur son trente et un pour aller à l'église. Quand ses enfants furent en âge de refuser de l'accompagner, elle effectua seule le long voyage en métro pour se rendre à Brooklyn, dans la modeste église de briques que son premier mari, mon père, avait fondée.

Peut-être est-ce là qu'elle puisa l'énergie de décider, un beau matin, d'apprendre à conduire. Assis à côté d'elle, à la place du mort, tenant ma petite nièce Z sur les genoux, je l'observai qui tapotait nerveusement le tableau de bord en se murmurant des encouragements à mi-voix. Elle tourna la clé de contact et le moteur ronronna.

« Maintenant, qu'est-ce que je fais? me demanda-t-elle.

– Tu passes la première vitesse.

– Bien sûr, je ne connais que ça. »

Et sans attacher sa ceinture, elle démarra dans un nuage de fumée qui sentait le caoutchouc brûlé. « Hou, hououou ! », cria-t-elle en prenant le virage sur des chapeaux de roues.

– Ralentis ! » la suppliai-je.

Mais elle haussa les épaules : « Je n'ai pas de permis. Si on m'arrête, j'irai en prison. »

Elle ignora le stop, viola un sens unique, le pied pressé à fond sur l'accélérateur. Des klaxons protestèrent.

« Attention, Maman ! Bon sang, regarde où tu vas !

– J'ai des courses à faire, répliqua-t-elle. Et le magasin est par là. »

Nous fonçâmes jusqu'au supermarché. Par miracle, aucun flic ne nous arrêta. Parvenue à destination, Maman accomplit un arc de cercle, tira sur le frein à main et se précipita hors de la voiture, oubliant de couper le moteur.

« Tu m'attends », m'ordonna-t-elle.

Cinq minutes plus tard, elle était de retour et repartait pleins gaz. Devant chez nous, elle freina si brusquement que le front de bébé Z vola dans la glace.

« Ouf! soupira-t-elle. Ça me suffit, j'abandonne. »

Plus jamais, elle ne remonta dans la voiture qui s'enlisa dans l'herbe et dans les feuilles. En hiver, la neige couvrit son toit et pour finir Maman la vendit.

« Pas question que je touche à nouveau ce volant », affirmait-elle.

Pourtant, elle était parfaitement capable de conduire. Dans sa jeunesse, elle avait sillonné le Sud à bord de l'auto paternelle à laquelle était accrochée la remorque des marchandises qu'elle chargeait et déchargeait. Mais ces exploits appartenaient à un passé qu'elle avait refermé derrière elle. C'était Rachel Deborah Shilsky qui fonçait sur les routes poussiéreuses, Ruth McBride Jordan tremblait à l'idée de recommencer. On avait peine à croire qu'il s'agissait d'une seule et même personne.

17

Dérive à Harlem

À mon retour à New York, je me réinstallai chez ma grand-mère qui habitait le Bronx et travaillai dans l'atelier de cuir et peaux de ma tante Mary. Ce n'était pas une situation idéale mais je n'étais plus une gamine et les sœurs de ma mère ne voulaient pas m'avoir sur les bras. Si tante Mary consentit à m'employer, elle me mena la vie dure. Malgré son obésité elle avait conservé un visage ravissant qui dissimulait un caractère inflexible. Elle menait tout le monde à la baguette, à commencer par son mari, l'oncle Isaac. Il filait doux devant elle bien qu'il dirigeât une fabrique de chaussures sur mesure et comptât dans sa clientèle les femmes les plus célèbres de New York, Mirna Lloyd par exemple. Je l'enviais de fréquenter des stars mais il me faisait un peu peur. Un tic nerveux lui déformait les traits et dès qu'il rentrait chez lui il se mettait à boire. Il allait chercher une bouteille d'alcool dans l'armoire de la cuisine, en avalait plusieurs gorgées à la régalade et, devenu très rouge, soufflant comme un phoque, se montrait vulgaire et méchant.

De son côté, tante Mary se payait du bon temps avec un certain Mr. Stein, le meilleur ami de son mari. Vous parlez d'une histoire ! Je dois reconnaître que c'était un bel homme, svelte, élancé, élégant. Il venait au bureau deux fois par semaine et s'enfermait avec ma tante. Ensemble, ils sirotaient un petit verre et grignotaient des biscuits au fromage. Je le savais car c'était moi qui leur apportais les plateaux. « Rachel, m'ordonnait tante Mary dix minutes avant la visite. Prépare-moi des rafraîchissements. » Et à l'heure dite, Mr. Stein montrait le bout de son nez. Un bon moment s'écoulait avant que ma tante ne réapparût, le chignon en désordre, les joues cramoisies. Bien sûr, je feignais de ne pas le remarquer ; je tenais à garder ma place.

Peu après mon arrivée, en 1939, tante Mary engagea un ouvrier artisan de Caroline du Nord qui venait tenter sa chance à New York. Il se nommait Andrew McBride mais préférait se faire appeler Dennis, son second prénom. C'était un homme que tout intéressait, doté d'un caractère égal et d'un humour communicatif. Il m'attira. Plus tard, il deviendrait ton père. Ma tante appréciait ses talents professionnels mais le traitait aussi mal que ses autres employés. Un jour, elle lui ordonna de porter en métro, à l'autre bout de Manhattan, un gros ballot d'échantillons de peaux, qui devait peser au moins cinquante kilos. « Désolé, répondit Dennis, mais une personne seule n'y parviendra pas. » C'était la première fois que je voyais quelqu'un tenir tête à ma tante et elle capitula.

Dennis ne tarda pas à constater qu'elle me traitait en esclave et que, derrière le dos de son mari, elle traficotait avec Mr. Stein, mais il n'en souffla mot. Parfois, mine de rien, il m'adressait un clin d'œil ou risquait une allusion détournée. Cet homme aurait fait rire un chien. Il lui arrivait de m'apporter du café, pas seulement à moi, aux autres aussi. Jamais je n'avais rencontré quelqu'un d'aussi gentil. Si j'avais eu un brin de jugeotte, je lui aurais sauté dessus et l'aurais épousé sur-le-champ. Mais à l'époque, je ne songeais qu'à courir l'aventure. J'avais hâte de me débarrasser de ma famille et je venais de découvrir Harlem.

J'ignore ce qui m'attira là, peut-être le souvenir de mon enfance et des Noirs du Sud, ou simplement la mode qui avait rendu le quartier célèbre. Personne ne songeait alors à s'amuser à Greenwich Village. Il n'y en avait que pour Harlem. Blancs et Noirs s'y retrouvaient pour faire la bringue. On ne parlait pas encore de drogues dures et de crimes. C'était un lieu magique qui attirait tout le monde.

Je plongeais dans le métro en face des ateliers de tante Mary et descendais à la 125e Rue. Aussitôt, la fête commençait. Il y avait plus de cinémas dans la 8e Avenue et dans Lenox que dans tout Suffolk, et des petits théâtres, bien sûr, cette salle incomparable : l'Apollo. J'y aurais passé ma vie. On pouvait y voir trois ou quatre numéros plus un film. Comme je ne supportais plus ma tante, je décidai de la quitter et de me faire engager comme ouvreuse ou comme caissière par un cinéma. J'en choisis un sur la 7e avenue et demandai à parler au directeur.

« Que diable une fille comme toi vient-elle fabriquer à Harlem ? me dit-il en me dévisageant.

– Je cherche du boulot.

– Quel genre de boulot ?

– Je peux vendre des tickets à l'entrée.

– Et quoi d'autre ?

– Aider les gens à se placer. Vous avez du travail pour moi ? »

Il fronça le nez : « Je vois ça d'ici. Adresse-toi ailleurs. »

Partout, j'essuyai un refus. Les gens me prenaient pour une prostituée, sinon pourquoi une Blanche chercherait-elle un emploi à Harlem ? Mais j'étais si naïve que je continuai mon porte à porte. Renonçant aux cinémas et aux théâtres qui m'envoyaient paître, j'essayai les instituts de beauté. J'avais une vague expérience d'esthéticienne, mon père m'ayant fait suivre des cours chez une parfumeuse qui tenait boutique à Suffolk. Grâce à son employée, une blonde aux lèvres orange qui venait de la campagne, j'avais appris la manucure et quelques rudiments de coiffure. « Avec tous les cheveux, c'est du pareil au même », me dis-je et j'affirmai à la directrice d'un petit salon que j'étais spécialiste des permanentes. Ma première cliente fut une femme noire. Je lui coupai les cheveux, enroulai les mèches à des bigoudis, et affirmai : « Vous serez du tonnerre. » C'était une expression en vogue à l'époque.

Je ne soupçonnais pas à quel point je disais vrai. Quand ma cliente se vit dans la glace, l'orage se déclencha. Sa tête était surmontée d'une pyramide de hamburgers brûlés. Naturellement on me flanqua à la porte.

Je repris mes recherches, me présentant comme manucure cette fois. À la vitrine de plusieurs coiffeurs, des petites annonces en demandaient. Il s'agissait en général de coiffeurs pour hommes mais je n'allais pas m'arrêter à ce détail. Pensant que les hommes me donneraient de plus gros pourboires, je m'obstinai. Après quelques échecs, je fus engagée par le directeur en personne, un certain Rocky, un métis solidement bâti et tiré à quatre épingles. Il installa une table de manucure en vitrine et m'invita à me mettre au travail sans attendre. Ce soir-là, à mon retour chez ma grand-mère, je lui annonçai fièrement que j'avais du travail et que je gagnerais quinze dollars par semaine.

« Pour faire quoi ? s'inquiéta-t-elle.

– Rien de difficile », répondis-je.

Je sentais qu'il valait mieux ne pas préciser la nature de ma tâche ni l'endroit où je l'effectuais.

Parmi les clients de Rocky, il y avait beaucoup d'acteurs et de musiciens. Ma vue les étonnait et ils disaient au patron : « Tu prends de sérieux risques en employant une mineure et une Blanche par-dessus le marché. » Mais Rocky ne leur prêtait aucune attention. J'allais avoir dix-neuf ans, un âge qui paraissait à son goût. Il rôdait tout le temps autour de ma table de manucure. Un jour, il m'invita à déjeuner. J'acceptai sans hésiter. Il avait une belle voiture, parquée devant le salon, et de l'argent plein les poches ; que demander de plus ? Après ce déjeuner, nous sortîmes de plus en plus souvent, il m'emmena au cinéma, au théâtre, dans des boîtes où il était connu. La soirée terminée, il me ramenait chez ma grand-mère dans le Bronx. Son style de vie me grisait. Je lui confiai que j'avais toujours rêvé de devenir danseuse et que je voulais tenter ma chance à une audition à Radio City. Il me promit d'arranger ça mais le jour fixé j'eus le trac et ne me présentai pas. J'avais beau être une petite cruche provinciale, je me rendais compte que je me couvrirais de ridicule si je prétendais rivaliser avec de vraies danseuses.

Rocky me loua une chambre près du salon pour m'éviter de devoir retourner chez ma grand-mère. Il me baladait souvent en voiture dans le quartier. Je remarquai des filles plantées au coin de chaque rue. Quand je posais des questions, il me répondait : « Je t'expliquerai un jour ce qu'elles font. » À vrai dire, je m'en doutais mais peu m'importait, du moins au début.

Je logeais quelques nuits d'affilée dans la petite chambre, puis revenais chez ma grand-mère, puis de nouveau dans ma chambre. Mes horaires déroutaient Bubeh de plus en plus mais elle était si vieille, si affaiblie par son diabète qu'elle avalait mes salades comme moi, aujourd'hui, les fariboles de mes petits-enfants. Un jour, je ne supportai plus de lui mentir.

Mieux valait rompre définitivement, elle me rappelait trop mon passé. Je n'avais qu'un désir : refaire ma vie à Harlem, gagner assez d'argent pour m'acheter de jolies robes et m'amuser. Lorsque j'interrogeai Rocky : « Comment s'en tirent les autres filles ? » je connaissais la réponse, elle crevait les yeux, mais elle ne m'effrayait pas. L'amour, le sexe, ne m'impressionnaient guère, je n'avais faim que de plaisir. « Tu n'es pas encore tout à fait prête, me dit Rocky. Attends que je te donne le signal. »

Une nuit que je dansais au Petit Paradis ou dans une autre boîte à la mode, je songeai brusquement à ma famille, à Mameh, à Dédée. Je n'osai pas téléphoner parce que j'aurais eu Tateh à l'appareil. Il ne me restait qu'un lien avec les miens : Dennis qui travaillait toujours chez ma tante Mary. Peut-être en entendrait-il parler, se débrouillerait-il pour avoir de leurs nouvelles. Le croisant un soir à Harlem, je lui posai la question.

« Tes parents t'ont cherchée, me dit-il. Ils s'inquiètent de toi.

– Ils ont tort, répliquai-je. J'ai un nouvel appartement et un ami très gentil. »

À l'expression de Dennis, je compris qu'il n'était pas dupe.

« Ruth, soupira-t-il, même si tes parents ne t'ont pas toujours bien traitée, ce n'est pas une raison pour vivre avec cet homme. C'est un maquereau et il fera ton malheur. »

Il avait l'air si déçu que sur-le-champ je pris une décision.

« Qu'on ne me recherche plus, annonçai-je. Je rentre à la maison. »

J'emballai mes affaires et retournai tout droit chez ma grand-mère. Lorsqu'elle me demanda où j'avais disparu tout ce temps, je me dérobai mais la priai de ne pas révéler que j'habitais chez elle si quelqu'un me téléphonait. Rocky m'appela, m'envoya des fleurs, je résistai et fis la morte. Il vint à l'appartement de ma grand-mère. Je l'entendis frapper et crier : « Sors Ruth, je sais que tu es là. » Je ne bronchai pas. Pour finir, il se lassa de me relancer et je ne le revis plus jamais.

18

En pénitence au Delaware

En juin 1974, Maman entra dans la cuisine pour nous annoncer que nous partions pour le Delaware. « Commencez à ranger vos affaires », nous ordonna-t-elle. À cette époque, elle avait cinq enfants sur les bras et sept autres qui poursuivaient leurs études dans un internat de collège, d'université, ou à l'école de médecine. Tous mes aînés avaient des bourses ou des prêts mais pas les moyens suffisants pour aider la famille. Or notre maison tombait en ruines et Maman assistait, impuissante, au naufrage.

Durant des semaines, nous nous préparâmes au déménagement. Je m'en réjouissais. Si je restais une année de plus j'étais certain de ne pas passer dans la classe supérieure. En outre, mes copains filaient un mauvais coton. J'aspirais donc à prendre un nouveau départ. Mais mes jeunes sœurs n'avaient pas ce genre de problèmes, elles adoraient New York et se désolaient à l'idée de le quitter. « Pourquoi s'en aller ? répétaient-elles. Nous sommes heureux ici. » Elles plaidaient leur cause au cours des réunions familiales qu'elles organisaient. Maman écoutait leurs arguments, plissait le front et se ralliait à leur avis : « Si c'est comme ça, nous restons ! » Là-dessus, elle se levait et quittait la pièce. C'était comme si elle avait lancé une grenade dégoupillée. Mes sœurs chantaient victoire, mes frères et moi demeurions en état de choc. On avait mis la maison en vente et trouvé un amateur. On avait signé des contrats, prévenu nos professeurs, on était prêts.

« Nous *devons* partir, protestais-je.

– Pas question », répliquaient mes sœurs.

Mes aînés, invités à se prononcer, se rangèrent de mon côté : « Il faut plier bagage. Maman n'a plus de quoi vivre à New York. »

À nouveau, ma mère fut priée d'arbitrer les débats, responsabilité qui l'accablait. « Laissez-moi réfléchir », dit-elle. Elle s'assit sur le divan et s'endormit aussitôt. À ma connaissance, c'est la seule personne capable de tomber en quelques secondes dans un profond sommeil dont ne la tireront que les bruits qu'elle consent à entendre. Un ouragan ne l'ébranlera pas mais les pleurs lointains d'un bébé ou la chute d'une casserole sur le sol la feront sauter sur ses pieds comme un soldat se ruant à l'attaque. Cette fois-ci, elle se réveilla sans prononcer un mot. Les jours passèrent. « Nous restons », finit-elle par dire. Mes sœurs se congratulèrent et se mirent à déballer. Le lendemain, elle décida : « Nous partons » et ce fut au tour des garçons de crier « Hourra ! » et de tout remballer. Durant des semaines, ma mère changea sans cesse d'avis, au désespoir de l'agent immobilier qui craignait de manquer l'affaire. Et soudain, un matin d'août, elle loua un camion de déménagement où nous chargeâmes toutes nos possessions et où monta une partie des enfants ; l'autre prit le train. Notre point de chute se nommait Wilmington, obscure bourgade de Delaware.

« Pourquoi Wilmington ? avions-nous demandé à Maman.

– Pourquoi pas ? avait-elle répondu. Ce n'est pas cher dans ce coin-là. »

Elle y avait acheté une petite maison pour douze mille dollars, tout l'argent dont elle disposait. Ni elle, ni nous, ne connaissions rien au Delaware. Une vieille amie de Maman qui y avait vécu prétendait : « C'est un État fait pour vous. » Mais quand le camion s'arrêta devant notre nouvelle maison, nous nous sentîmes perdus.

Nous avions imaginé notre vie à Wilmington selon le modèle new-yorkais, avec des bus et des métros qui nous conduiraient à l'école et nous ramèneraient chez nous. Mais il n'y avait pas de métro à Wilmington et seuls les gens très pauvres prenaient le bus. Auparavant, un dollar suffisait à Maman pour entraîner ses troupes à la conquête des grands magasins et des musées de Manhattan. Ici, il n'y avait que des boutiques de banlieue, des petits orchestres scolaires, des défilés de majorettes et quelques ragots qui volaient bas dans ces rues que les Blancs désertaient à toute vitesse, à bord de leur Ford Pintos. La barrière des races partageait la ville et ses faubourgs, contraignant l'écrasante majorité des gosses noirs à fréquenter des écoles médiocres, sous-équipées et mal tenues, alors que les petits Blancs étudiaient dans des établissements haut de gamme. Maman ne s'attendait pas à une telle ségrégation qui l'alarma d'autant plus que nous vivions au sud de l'agglomération et que le mot *sud* éveillait en elle une haine tenace.

Peu après notre arrivée, la police routière de l'État arrêta sur l'autoroute mal éclairée la voiture que conduisait mon frère David et dans laquelle nous étions entassés. David s'était engagé sur une bretelle dans un sens interdit. Les flics, de grands types arrogants et taciturnes, entourèrent la voiture, la torche électrique à la main, jetèrent un regard écœuré sur cette femme blanche encerclée de gosses noirs et forcèrent David, alors en dernière année à l'Université de Columbia, à se tenir au garde-à-vous devant eux tandis qu'ils l'interrogeaient. Après quoi, ils le conduisirent au commissariat où nous le suivîmes plus furieux encore qu'inquiets.

Survoltés de colère, Maman menait sa troupe. Que l'on osât traîner en justice la perle de ses yeux, son David, le timide intello dont elle aurait porté les livres lorsqu'il se rendait aux cours, voilà qui passait les bornes. Quand plus tard il comparut devant le juge, elle assista, tendue, à l'interrogatoire.

« Plaidez-vous coupable ou non coupable ? demanda le magistrat.

– Dis non coupable, cria-t-elle, bondissant sur ses pieds. Sinon, ils t'enfermeront.

– Maman, je t'en prie », l'implora David en essayant de la calmer.

Mais elle hurla de plus belle : « Non, non, tu n'es coupable de *rien* ! »

« Nous retournons à New York, décida Maman. Je déteste ce bled et notre ancienne maison n'est pas encore vendue. On va arrêter l'affaire. »

Mes sœurs partirent en train, surchargées de sacs en plastique. On dressa des plans, prit des rendez-vous, échangea recommandations et promesses : « Nous vous suivrons avec le camion de déménagement. » « Nous irons voir le directeur du lycée pour qu'il vous réinscrive. » « Rendez-vous à New York ! » Et bon vent les frangines !

Deux heures plus tard, sous mon influence, Maman se ravisait. « Sur quoi allons-nous tomber à New York ? lui susurrai-je. Qu'est-ce qui nous attend là-bas ? Regarde la situation en face, nous n'avons pas les moyens de reprendre la maison. » À contrecœur, ma mère capitula, téléphona à mes sœurs et leur ordonna de revenir.

Dans ses efforts désespérés pour ne pas s'écrouler, elle s'en remettait à ce dynamisme qui l'avait toujours soutenue face aux épreuves mais à présent elle battait la campagne. Elle avait cinquante-quatre ans, était veuve, ne touchait qu'une maigre pension et des allocations familiales. Il lui restait cinq enfants à élever. Elle n'avait jamais brillé comme reine du foyer et les déménagements l'affolaient autant que la conduite d'une auto. Durant ses deux mariages (le premier dura seize ans, le second quatorze), sa tâche principale avait été de veiller sur ses douze enfants. Maintenant qu'elle devait assumer seule toutes les responsabilités, elle craquait. Pour comble, elle se sentait coupable de nous avoir exilés de New York. Souvent, la nuit, assise à la table de cuisine, elle s'interrogeait : « Me suis-je trompée ? Vaut-il mieux... mieux quoi ? Je ne sais plus. » Ses yeux fixaient le vide et la tasse de café qu'elle tenait en mains refroidissait.

Les jours où la prière la remettait d'aplomb, elle s'inquiétait du niveau de nos études, de la qualité des écoles que nous fréquentions. En découvrant les manuels déchirés que l'on nous distribuait, la colère la saisit et son humeur guerrière se réveilla. « Avec une éducation pareille, vous n'arriverez à rien! » cria-t-elle. Aussitôt, elle dressa son plan de bataille. D'abord, elle acheta pour neuf cents dollars une vieille Toyota, prit des leçons de conduite, moucha un moniteur qui, selon elle, laissait ses doigts s'égarer, et deux semaines plus tard, décrocha le permis. Ensuite, elle ouvrit l'annuaire du téléphone, consulta la liste des écoles privées et sélectionna celles qui lui paraissaient susceptibles d'offrir des bourses. Enfin, elle me traîna dans un établissement dont le directeur m'interrogea, me fit faire une dictée, des problèmes de math, vérifia mes notions d'histoire et de géographie, etc., quatre heures d'affilée. Peut-être m'en serais-je tiré si je n'avais pas séché l'école durant les deux dernières années. Mais il était trop tard pour rattraper mon retard et le directeur me traitait avec une froideur qui achevait de me démoraliser. Il déclara que je n'étais pas à la hauteur et qu'il refusait ma candidature.

Faute de mieux, je me rabattis sur le collège, intégralement noir, de mes sœurs Kathy et Judy, et je m'y plus beaucoup. Dans ma classe, on me surnomma New York, comme à Louisville, mais cette fois, je me gardai de jouer les caïds. Je réussis même à me délivrer de la drogue et de l'alcool, la musique me servait de dérivatif. Bientôt, je fus admis dans l'orchestre de l'école. Un excellent professeur m'aida à perfectionner ma technique au saxo ténor et au trombone, si bien que je pus entrer dans l'American Jazz Band Junior qui se préparait à effectuer une tournée en Europe. Mais il fallait payer sa part et c'était beaucoup trop cher pour moi.

La solution me vint d'un couple de Pennsylvanie, David et Ann Fox Dawson, de grands bourgeois qui consacraient l'essentiel de leur temps et une bonne partie de leurs revenus à venir en aide aux gosses des faubourgs. Mr. Dawson, un pur gentleman aux cheveux poivre et sel coupés en brosse, avait été vice-président de la société Du Pont. Il collaborait avec sa femme pour entretenir notre formation musicale et distribuer des bourses à ceux qui en avaient besoin. En échange, les bénéficiaires travaillaient pendant les week-ends et les vacances d'été dans la propriété des Dawson. Durant une année, je passai donc le plus clair de mes loisirs à remplir chez mes bienfaiteurs, les fonctions de serveur et de jardinier. Je disciplinai ma coiffure à l'afro, adoptai un costume bleu et m'efforçai de seconder Pearl, la femme de ménage noire. Pearl vivait comme moi à Wilmington. Un jour, je lui demandai : « Pourquoi travailles-tu chez ces Blancs ? » Elle me dévisagea comme si j'avais dit une ânerie. Entre Mrs. Dawson et elle régnait une entente parfaite. « Tu en fais autant, non ? » répliqua-t-elle.

Quand mes patrons donnaient une soirée, je m'appliquais à tenir mon rôle et à ignorer les petits rires que ma gaucherie suscitait parfois. Parmi les invités, il m'arrivait de reconnaître le président de Du Pont ou le gouverneur du Delaware, des gens qui se situaient aux antipodes de ma mère et de mon milieu mais que j'observais sans un grain d'amertume. À mon ancienne colère avait succédé une intense ambition. Certes, je ne voulais pas ressembler à ces gens. Je n'avais pas leur trempe, ni l'étoffe d'un aimable mondain, ni l'aisance d'un coureur de cocktails, toujours souriant quoi qu'il arrive. Mais ces salonnards ne m'avaient causé aucun tort, au contraire. Si j'avais une chance d'accomplir le voyage en Europe dont je rêvais, ce serait grâce à eux.

Je dois reconnaître qu'il n'y avait pas pire serveur que moi et je suis encore reconnaissant à l'infortunée Mrs. Dawson de ne pas m'avoir flanqué à la porte. Je froissais les vestes et manteaux dont je débarrassais les invités, écrasais leurs chapeaux, les aspergeais en remplissant les verres, faisais tomber les biscuits que je présentais : Mrs. Dawson ne se lassait pas de me répéter : « James, lève ton plateau un peu plus haut, comme ça. Attends, dépose-le. Tire sur ta cravate. Pourquoi n'as-tu pas une serviette blanche sur le bras ? James, attention, tu vas... Oh Seigneur ! » Des coupes avaient glissé sur le sol.

Malgré sa nervosité, j'aimais bien Mrs. Dawson. C'était une petite femme spirituelle et pointilleuse, la première personne de race blanche qui me parlât sérieusement de musique et m'initiât à la littérature. Elle me fit découvrir des compositeurs classiques et des écrivains dont j'ignorais le nom. Parfois elle m'invitait à m'asseoir près d'elle pour lui lire de la poésie. Au début, ces séances m'ennuyaient ; je ne me doutais pas que, des années plus tard, les vers me reviendraient en mémoire.

En plus de mes fonctions de serveur, je travaillais sur les terres du domaine, qui comprenaient un grand potager, des écuries et une piscine dont se chargeait un jeune Blanc nommé Harry. C'était un garçon débrouillard, fraîchement descendu de ses collines où il chassait le chevreuil. Comme il aimait beaucoup la bière, il conservait toujours une provision de canettes avec sa carabine sous le siège de son camion. On s'entendait bien tous les deux ; je le faisais rire et l'épatais par ma manière de me défiler devant les corvées que me prescrivait Mrs. Dawson.

« Tu as un sacré poil dans la main, me dit-il un après-midi. Fais gaffe, un de ces quatre matins, Mrs. Dawson s'en apercevra. »

Je haussai les épaules mais peu après, la prophétie de Harry s'accomplit. La chaleur pesait lourd ce jour-là et je tombais de fatigue. Je m'étais levé à cinq heures du matin pour attraper mon bus et je n'avais qu'une envie : dormir. Mr. Dawson me surprit en plein sommeil au milieu des fraisiers que j'étais censé repiquer et il alla me dénoncer à sa femme. Furieuse, Mrs. Dawson me renvoya. « Vous n'en avez pas le droit, protestai-je. Je dois aller en Europe.

– J'ai parfaitement le droit de te congédier, mon garçon, répondit-elle. Tu n'as qu'à apprendre à travailler. Mais pour ce qui est de l'Europe, je ne t'en priverai pas. »

Dans un élan de bonheur, je lui sautai au cou. Cela m'agaçait d'être appelé : « mon garçon », mais si l'Europe était à ce prix... Mrs. Dawson tint parole et nous restâmes amis durant des années. Grâce à elle, je pus, après le lycée, entrer à l'université. Elle ne paya pas *tous* les frais mais en cas d'urgence, elle me dépanna toujours. Bien plus tard, j'étais alors étudiant, je trouvai une lettre d'elle dans mon casier. Elle m'y annonçait la mort soudaine de son mari. Ce même jour, je m'étais attardé à bavarder au coin de la rue avec des copains noirs. L'un avait dit : « Les Blancs, on n'en a rien à cirer. Ils croulent sous le fric, c'est leur seul problème. » Je l'avais approuvé : « Y a du vrai. » Ma lettre en poche, je songeai à cette vieille dame blanche qui m'avait mis le pied à l'étrier, à moi et à combien d'autres ! et j'eus honte. À la réflexion, la vérité m'apparaissait comme une boiteuse qui tanguait de gauche à droite et je n'étais pas de force à la remettre dans le droit chemin.

Durant ma dernière année d'études, je décidai de poursuivre mes cours jusqu'à devenir un musicien professionnel. Pas question de me contenter de jouer dans des petits clubs de troisième ordre, d'animer des stations de la radio locale avec des formations d'amateurs. C'était un bon entraînement mais l'heure avait sonné pour moi de me vouer au saxo et à la composition comme les anciens génies du jazz, Bird Coltrane, Cliffort Brown. En outre, je brûlais d'impatience de quitter le Delaware. Maman souhaitait elle aussi que je m'en sorte mais elle ne voyait pas de solution. Jamais je ne l'avais connue aussi malheureuse, aussi vulnérable. Juste avant les fêtes de Noël, sa vieille Toyota rendit l'âme. Faute de pouvoir payer les réparations, ma mère partit en bus pour un lointain supermarché afin d'y acheter l'inévitable dinde du réveillon, le moins cher possible. Elle en compara des dizaines avant d'en trouver une qui lui convînt. Dans le bus du retour, le sac en papier qui contenait la bête se fendit, la dinde tomba sur le sol et roula sous les banquettes jusqu'au siège du chauffeur. Les passagers éclatèrent de rire, le conducteur se joignit à eux mais pas Maman. C'était pour elle la goutte d'eau qui faisait déborder le vase, le symbole de son échec au Delaware. Cette fichue dinde, ces fichus passagers, c'était trop. Elle n'avait personne sur qui s'appuyer. Les Noirs la trouvaient bizarre, elle fuyait les Blancs. Elle se sentait perdue.

Pour ma part, je dus mon salut à l'Université d'Oberlin, dans l'Ohio. Becky, la femme de mon frère aîné, y avait fait ses études et elle me conseilla de solliciter une bourse. Malgré la médiocrité de mes notes, je fus accepté, peut-être grâce à mes dons en musique et en littérature. J'en fus ébahi et Maman grisée. Elle me serra dans ses bras, rangea la précieuse lettre d'admission dans la boîte à chaussures sous son lit et sillonna tout le quartier, du supermarché au kiosque à journaux, pour clamer la glorieuse nouvelle : « Figurez-vous que mon fils s'en va à Oberlin. Vous ne connaissez pas Oberlin ? C'est incroyable ! Une des meilleures universités du pays ! » J'étais le septième de ses enfants qu'elle lançait dans la course aux diplômes et ceux qui m'avaient précédé s'apprêtaient à passer une licence ou un doctorat.

Par un jour pluvieux de l'automne 1975, j'emballai mes maigres possessions dans un vieux sac à dos vert et me rendit avec Maman à la gare des bus. Comme d'habitude, elle aligna devant la caisse des billets chiffonnés et quelques pièces pour payer un aller simple pour l'Ohio. Quand je pris congé d'elle, elle me glissa des dollars dans la main. « C'est tout ce qui me reste », dit-elle. Je comptai quatorze dollars, murmurai des remerciements et, sur un dernier baiser, me hâtai de monter en voiture pour qu'elle ne vît pas mes larmes. J'avais l'impression de la trahir en l'abandonnant dans ce Delaware qu'elle détestait mais où elle avait jeté l'ancre à cause de moi. Pourtant, c'était elle qui me poussait à partir. Depuis ma plus tendre enfance, elle m'avait toujours poussé à viser plus loin, plus haut. On aurait dit qu'elle me chassait comme elle avait chassé ses aînés, les obligeant à s'inscrire dans de lointaines universités au lieu de se contenter des instituts des environs. « Tu perds ton temps ici, répétait-elle. Apprends à vivre à ton compte, à te battre. » À chaque fois, elle s'essuyait les yeux du revers de la main en les regardant s'en aller, pliés en deux sous le poids de ce sac à dos vert qui reposait maintenant dans les soutes du bus. Jamais elle ne pleurait en face de nous mais je l'entendais souvent gémir dans sa chambre. Et j'eus peur, ce jour-là, de la découvrir en sanglots, sur le quai. Mais non, elle arpentait le sol, les sourcils froncés, les lèvres pincées, la mine sévère. Le vent faisait tourbillonner autour d'elle des feuilles mortes et des gobelets de papier. Elle portait un imperméable brun et un foulard sur la tête. C'était une passante comme les autres, une Blanche qui marchait, les mains dans les poches, vers la sortie de la gare pouilleuse de Wilmington, courbant le dos pour éviter les bourrasques. Elle avançait d'un pas si saccadé que je me demandai si elle cherchait des toilettes. Mais une seconde plus tard, je l'aperçus au coin de la rue, immobile, appuyée contre le mur, le front baissé, un mouchoir pressé sur ses yeux comme pour forcer les larmes qui ruisselaient de lui rentrer dans les yeux.

19

La promesse

Après mon aventure avec Rocky, je décidai de me ranger. J'avais trouvé une place de serveuse dans un restaurant. Au bout de quelques semaines, Dennis me téléphona et m'invita à sortir. C'était un homme très attentionné, un travailleur sérieux, le contraire de Rocky et de ses amis que j'avais rencontrés à Harlem, dans les parages du Petit Paradis. Dennis avait des ambitions de violoniste quand il avait quitté sa Caroline natale pour New York. Il avait alors vingt-cinq ans, ce qui était assez tard pour s'émanciper, mais sa mère, Etna, se désolait de le voir partir et il était fils unique. Lui désirait approfondir ses connaissances musicales. Il était capable de déchiffrer toutes les partitions et composait des morceaux classiques ou religieux. Il avait fréquenté la même école de musique que John Coltrane mais il était plus âgé. Souvent, quand je le retrouvais, il était en train de gribouiller des notes sur des portées. Comme il jouait n'importe quoi à merveille, je lui demandais d'interpréter mes chansons favorites. Il chantait à vous briser le cœur et attirait les foules aux services de l'église baptiste métropolitaine de Harlem.

Mais la musique ne nourrit pas son homme et il tirait le diable par la queue. C'est pourquoi je me suis opposée à toi quand j'ai vu que tu suivais la même pente. Jamais les grands orchestres n'auraient engagé un Noir en ce temps-là. Ton futur père se condamnait à crever de faim et à dormir à l'Armée du Salut. Heureusement un couple d'amis de Caroline le tira d'affaire, Curtis et Minnie Ware. Curtis était concierge dans un immeuble de Manhattan. Lui et Minnie s'en sortaient mieux que la plupart des émigrants du Sud parce qu'ils n'avaient pas de loyer à payer. Ils abritaient et nourrissaient des familles entières qui débarquaient chez eux pour tenter de gagner leur pain dans le Nord. Mais Dennis était trop fier pour les appeler à l'aide. Il fallut qu'il fût à bout de ressources pour leur avouer : « Je n'ai plus un sou et je ne sais pas où coucher ce soir. » Les Ware se fâchèrent : « Pourquoi ne nous as-tu rien dit ? » À cette époque, ils partageaient leur appartement avec quatre autres amis, plus une sœur. Pour les repas, ils se pressaient tous autour d'une table chargée de plats du Sud. Dès qu'il fut retapé, Dennis décrocha un emploi à l'atelier de maroquinerie de ma tante Mary. Un jour, il m'emmena dîner chez les Ware qui me dévisagèrent, stupéfaits.

Je te rappelle que cela se passait au début des années quarante et que les Noirs et les Blancs ne se fréquentaient guère à l'époque; ceux qui sortaient ensemble ne le criaient pas sur les toits, ou bien c'étaient des noctambules, comme les clients du Petit Paradis. Mais Dennis et ses amis avaient trop de religion pour faire la bringue.

Lorsqu'ils furent revenus de leur étonnement, les Ware me dirent : « Notre maison est la vôtre. Asseyez-vous et mangez avec nous. » Et jamais il n'y eut le moindre froid entre nous, ni avec la famille de Dennis. Tous m'adoptèrent de grand cœur, une fois passé le choc que leur causait ma peau blanche. Je me souviens comme si c'était hier de mon séjour chez la tante Candis, la tante préférée de Dennis, une petite-fille d'esclave que j'allai voir en Caroline du Nord. Lorsque j'entrai dans sa maison, elle me dit : « Il faut me pardonner si je n'arrête pas de vous regarder mais vous êtes la première Blanche qui entre chez moi. Jamais je ne me suis trouvée aussi près d'une Blanche. » J'ai répondu : « Je comprends. » Elle devint et resta ma meilleure amie, jusqu'à sa mort, à près de cent ans. Sans elle, je ne serais sans doute pas là aujourd'hui. Quand j'ai perdu ton père, elle est montée à New York pour s'occuper de vous tous. Moi, j'étais malade de chagrin, incapable de marcher, de manger. Elle a pris le train, un interminable voyage, pour veiller sur mes huit gosses; toi, James, tu venais de naître, tu étais le dernier. Jamais la tante Candis n'avait été dans une grande ville ni vu autant de gratte-ciel mais elle s'habitua vite. Lorsqu'elle repartit en Caroline, ton beau-père lui acheta une belle montre en or. « Ça, c'est une femme ! », dit-il. Oui, c'était une femme formidable.

Comme je te l'ai dit, ton père était un homme sérieux, un chrétien convaincu, mais si futé qu'il lisait en moi à livre ouvert. J'étais tombée amoureuse de lui et nous parlâmes mariage, ou plutôt j'en parlai. Dennis m'écoutait en se raclant la gorge. « Ouais, faut réfléchir... », me répondait-il. Comme j'insistais, il déclara : « Nous n'avons qu'à vivre ensemble. Le monde n'a pas besoin de le savoir, il s'en fiche. » J'y consentis et nous louâmes une chambre dans la 125e Rue. Elle faisait partie d'un appartement de trois pièces, chez Mr. et Mrs. Ellis. Ils couchaient dans une chambre et louaient les deux autres. Nous partagions la cuisine et la salle de bains.

Voilà comment je quittai définitivement l'appartement de ma grand-mère, du jour au lendemain. Ma pauvre Bubeh était vieille, affaiblie par son diabète, et j'étais pour elle une charge plutôt qu'autre chose. Quant à mes tantes, elles avaient leur propre vie à mener ; j'étais le cadet de leurs soucis. Elles ne m'envoyaient pas dire que j'étais en âge de me débrouiller seule. J'ai donc emménagé avec Dennis qui continuait à travailler pour la tante Mary, laquelle n'a jamais rien soupçonné. Et moi, je n'ai jamais regretté ma décision.

Tu t'étonneras peut-être d'apprendre que j'ai mené une vie de scandale. Je m'en moquais ou plutôt je m'en serais moquée si j'avais pu oublier ma mère et ma sœur. Elles me manquaient terriblement mais ma situation m'interdisait tout contact avec elles. Un jour pourtant que j'avais, plus que d'habitude, besoin de parler à Maman, je réunis une poignée de pièces de monnaie et me rendis dans une cabine au coin de la 120e Rue. Mieux valait ne pas employer l'appareil de l'appartement où tout le monde pouvait m'entendre et se serait étonné que je parle yiddish. Ce n'était pas une petite affaire que d'appeler le Sud depuis un téléphone public. Comme je le craignais, Tateh répondit. Dès qu'il m'eut identifiée, il me dit : « Je ne sais pas où tu es mais ta mère est malade et j'ai besoin d'aide au magasin. » Que faire ? Certes, je n'avais aucune envie de rentrer à la maison mais si Mameh souffrait, je n'avais pas le choix. J'avertis donc Dennis que je devais le quitter. Il me promit de m'écrire et de m'envoyer de l'argent. Bien sûr, il tint parole.

À mon arrivée, j'avertis mon père : « D'accord pour vous donner un coup de main mais je ne resterai pas. » Il feignit de n'avoir pas compris et, peu après, m'emmena chez un de ses amis grossistes pour me présenter au jeune héritier. Ensuite, il me harcela pour que j'épouse ce gros garçon que j'avais à peine entrevu. Je haussai les épaules. Seul m'importait l'état de Mameh. Elle avait totalement perdu l'usage de l'œil gauche, s'évanouissait de plus en plus souvent et sa paralysie avait empiré. Mais cela ne l'empêchait pas de cuisiner et de raccommoder les chaussettes. Sa seule main valide lui suffisait pour hacher la viande, le poisson, les légumes. Elle demeurait la bonne épouse juive que sa foi avait soutenue au cours de son long calvaire conjugal avec un mari impossible. Aujourd'hui, on jugerait mon père « macho », mais alors on hochait la tête : « Les hommes sont ainsi faits. » Ils pouvaient traiter leur femme à leur guise, surtout dans le Sud et plus encore si elle était juive, physiquement affaiblie et l'épouse d'un soi-disant rabbin. Tateh ne se gênait pas pour l'injurier, se moquer d'elle, la maudire, voire la frapper. Il se permettait même de courtiser les autres devant elle.

Elle s'efforçait d'accepter ces épreuves comme si elles étaient toute naturelles. Je pense qu'elle ne se rendait pas vraiment compte de la situation. Son mari avait toujours été un homme étrange et secret. Nous ignorions par exemple où il était né et s'il avait encore des parents, des relations dans son pays d'origine. Mais chaque année, il allait passer quelques semaines en Europe « pour voir mes compatriotes », disait-il avant de monter dans son bateau qui partait pour la France. De là, où allait-il ? Mystère. En l'attendant, nous tenions la boutique Mameh, Dédée et moi. Quand il réapparaissait, il avait à peine posé ses valises par terre qu'il demandait : « Où est mon argent ? » Nous lui donnions la recette et il s'asseyait pour la compter sans même enlever son pardessus. Il savait, à quelques dollars près, combien nous gagnions par semaine et n'était pas du genre à plaisanter avec l'argent.

En 1939, une grosse femme blanche a commencé à fréquenter notre magasin. Elle avait un derrière comme une berline et habitait un peu plus haut que nous sur la route. Son mari était en prison pour ivresse sur la voie publique ou quelque chose comme ça. Ils avaient quatre gosses et ne roulaient pas sur l'or ; en outre, ils n'étaient pas juifs. N'empêche, cette femme avait l'air de plaire à Tateh qui bavardait avec elle en essayant de prendre un air détaché. Les vendredis, jours de sabbat, mon rabbin de père s'éclipsait, nous laissant Dédée et moi allumer les bougies et commencer à réciter les prières avec Mameh. Lui, il avait emballé un gros paquet de marchandises, l'avait chargé dans la voiture et avait crié en yiddish : « Je vais faire un tour. » À mon intention, il ajoutait en anglais : « Je ne reviendrai que lundi. Tu ouvriras la boutique dimanche. » Mameh me demandait : « Qu'a-t-il dit ? » « Rien », répondais-je.

Mes parents s'entendaient de plus en plus mal et moi, en plein milieu, je devais traduire ou ne pas traduire leurs propos. La liaison de Tateh fut bientôt connue de tous. J'appris par les commérages qu'il avait transporté la dame et sa maisonnée dans un autre État, à une heure de route de Suffolk. Un jour, il m'ordonna de l'y conduire et me fit attendre une éternité après avoir disparu à l'intérieur. Il me tarabustait pour que je décide Mameh à lui accorder le divorce mais elle s'obstinait à refuser et je la comprenais. Elle avait alors une quarantaine d'années ; personne n'aurait accepté de se charger d'elle, de soigner sa maladie, ses infirmités. Nous étions son unique foyer, elle s'y accrochait. Je ne crois pas qu'elle ait eu une seule amie à Suffolk. Il ne lui restait que sa mère, affaiblie elle aussi, et ses sœurs qui la considéraient comme une handicapée et lui donnaient rarement signe de vie. Un temps, l'aide de mes tantes avait consisté à m'inviter pour les vacances mais j'avais grandi et elles s'étaient lassées. Pas question donc, pour ma mère, d'envisager ce divorce que réclamait mon père, impatient d'épouser sa grosse amie qui n'était même pas juive. Tout cela me dégoûtait tellement que j'en avais la nausée.

Pour divorcer selon les rites juifs, mes parents devaient comparaître devant le « rov », une sorte de juge religieux dont les décisions faisaient autorité. Mais Tateh avait rompu avec la religion. Il se rendit chez un avocat, en ramena des papiers qu'il étala sur la table et me dit : « Demande à ta mère de les signer. » Comme Mameh ne voulait rien savoir, il partit à Reno, dans le Nevada, où il obtint un divorce éclair. Puis il revint et m'annonça : « Notre mariage est dissous, préviens ta mère. » Notre vie ne changea pas pour autant ; nous étions toujours aussi malheureux et je brûlais du désir de regagner New York que j'avais quitté des semaines plus tôt. Mais c'était pour Dédée que la situation était la plus pénible ; elle n'avait que quinze ans à l'époque, cinq de moins que moi. Quel apprentissage pour une jeune fille !

Malgré tout, elle ne paraissait pas en souffrir. Elle

m'a toujours semblé plus jolie que moi; c'était une petite fille bouclée et grassouillette alors que j'étais longue et maigre, que j'avais du duvet sur les lèvres. Enfant, Dédée refusait d'un sourire de porter les vieux vêtements qu'on nous donnait. Elle se débrouillait pour obtenir de jolies petites jupes, des chaussettes neuves; elle avait l'air pimpant, moi, l'allure d'un vieux sac de pommes de terre. Elle obtenait aussi de meilleures notes à l'école que Sam et moi. C'était la favorite de Tateh qui lui payait les leçons de piano qu'il ne m'avait jamais accordées. Comment n'aurais-je pas été jalouse? Et pour comble, Dédée était la première Américaine de la famille, née aux États-Unis, tandis que Sam et moi étions des immigrants, cela crevait les yeux. À l'école, les gosses se moquaient de nous, nous reprochaient d'être juifs, mais personne ne riait de Dédée. Elle savait se faire respecter, elle avait confiance en elle. Les autres la considéraient comme une gentille fillette juive, parfaitement adaptée, qui jouait au tennis, pianotait, passait ses examens. Là-dessus, voilà l'affaire du divorce. Le coup l'ébranla. À qui pouvait-elle se confier? Nous ne nous parlions guère, elle et moi, elle ignorait mes aventures, mes folies. Un soir, vers la fin de mon séjour, elle entra dans ma chambre et me dit: « Je sais que tu vas partir, Rachel! S'il te plaît, ne t'en va pas! Ne retourne pas à New York! » Fière comme elle l'était, il lui en coûtait de me supplier, c'était presque une humiliation. J'en souffrais pour elle. Impossible de lui répondre que je ne pouvais pas rester. Je marmonnai que « j'y réfléchirais ». Mais elle protesta : « Je ne te crois pas. Je suis sûre que tu vas nous quitter. Reste, je t'en prie ! Promets-moi de rester. » Je le lui ai promis mais n'ai pas tenu parole et Dédée ne me l'a jamais pardonné. Des années plus tard, elle me rappellerait ma trahison.

20

Sur la piste du vieux Shilsky

C'était en novembre 1982. À quatre heures du matin, dans ma vieille Volkswagen verte (dix ans d'âge), je peinais sur une petite route de Virginie. Je venais de déposer chez sa grand-mère, à Petersburg, mon ex-compagne, une cover-girl noire surnommée Karone. (« C'est mon agent qui m'a rebaptisé ainsi », m'avait-elle dit). Elle remorquait toujours derrière elle son fils de deux ans, le petit Paul, un gentil gosse qui me dévisageait avec perplexité. Qu'étais-je à ses yeux ? Maman détestait Karone : « Te voilà avec toute une famille sur les bras, avait-elle soupiré. Alors que tu avais l'avenir devant toi. On n'a pas idée. » « Idée de quoi ? », demandais-je pour m'entendre répliquer : « Adieu rêves et ambitions ! »

À chaque fois, je haussais les épaules. Karone et moi n'avions aucune intention de nous marier, nous n'étions pas épris à ce point. Nous avions vécu ensemble à Boston et décidé qu'il était temps pour nous de quitter la ville et de nous séparer. Elle laissait derrière elle son ex-mari et moi, j'espérais me laisser moi-même derrière moi. J'avais travaillé à la rubrique des faits divers du *Boston Globe*, une vraie chance pour un journaliste de vingt-quatre ans. Mon meilleur ami, le critique de jazz, était un Blanc d'une soixantaine d'années, nommé Ernest Santosuosso. Nous nous promenions dans les couloirs en chantant *It's You or No One*, un air à la mode. J'aurais pu passer ma vie avec Ernest, à échanger des blagues, mais je balançais entre deux amours : la musique et la littérature. De même, je cherchais à me situer entre les Blancs et les Noirs. À la fin de mes études, j'avais constaté que les « sessions » que nous tenions jusqu'à l'aube, mes copains et moi, n'avaient aucun effet sur les rapports entre les races. Je me souviens d'avoir déclaré à l'ami étudiant avec lequel je partageais une chambre : « Avant que nous ayons décroché notre dernier diplôme le racisme sera de l'histoire ancienne. » Mais chaque fois que je mettais le nez dehors, je me cognais à une réalité toute différente. Boston n'offrait pas un cadre idéal pour résoudre mes problèmes et me constituer une identité. Les barrières de classe, l'héritage de l'histoire, la politique, la culture, semaient mon chemin d'embûches. C'était trop pour moi, j'aspirais à m'enfuir.

Dans ma Volks, la carte de Virginie s'étalait sur le siège du passager. J'avais entouré le nom d'une ville, Suffolk, dont Maman m'avait dessiné le plan. Il m'avait fallu insister durant des années pour obtenir ces renseignements. Chaque fois que je la sollicitais, ma mère répondait : « On a bien le temps et là-bas, plus personne ne se souvient de moi. » Vite, elle paraît au plus pressé, un plus pressé qui l'occupait durant des heures, des jours, des semaines. Je commençai à m'inquiéter de ses dérobades. Que me cachait-elle ? Mon sourd désir de connaître mes origines s'exaspérait, comme si j'étais harcelé de moustiques. Un soir enfin, je parvins à la coincer dans la cuisine. Elle s'assit à la table, devant une vieille enveloppe qu'elle décolla, déplia pour en agrandir la surface et m'expliqua tout en dessinant au crayon : « La grand-route passe ici, le pont est là, d'un côté le tribunal, de l'autre les abattoirs. » Je n'avais que ces points de repère pour retrouver la trace du foyer maternel. Pas le nom d'un seul témoin qu'elle aurait croisé durant tant d'années. Je m'étonnai : « Tu ne te souviens de personne ?

– Personne.

– Tu es sûre ?

– Il y avait bien une fille, une certaine Frances.

– Que faisait-elle ?

– C'était ma meilleure amie.

– Où est-elle aujourd'hui ?

– Dieu seul le sait. Je me rappelle vaguement sa mère qui cuisinait comme un chef. »

Je descendis donc dans le Suffolk, à la recherche de cette Frances et de son cordon-bleu maternel. Maman n'avait même pas été capable de m'indiquer leur nom de famille.

J'arrivai à sept heures du soir, fatigué et affamé par le voyage. À l'aspect de la ville, on devinait que sa prospérité s'était depuis longtemps éteinte. Quelques rares bâtiments modernes se dressaient parmi d'anciens immeubles majestueux mais le silence régnait. C'était au moins une ville qu'une collection d'entrepôts variés qui s'étendaient vers les faubourgs tandis que mourait le cœur de la cité. Ayant repéré un McDonald au coin d'une rue, je me garai et entrai pour dîner. Je dépliai le plan de Maman, l'étudiai, regardai par la fenêtre et conclus que, pas de doute, j'étais dans la rue principale. J'apercevais l'ancien tribunal derrière lequel se dissimulait le cimetière et, à ma gauche, le pont qui conduisait aux abattoirs. D'après mes calculs, j'étais tout près de l'endroit où se tenait la boutique familiale. Sans toucher à la nourriture, je sortis pour inspecter les environs. Derrière le restaurant, il y avait une bicoque décrépie. Je frappai à la porte et un vieux Noir à lunettes m'ouvrit. « Ma mère habitait ici autrefois, lui dis-je. Avec ses parents, des juifs qui se nommaient Shilsky. Ils avaient un petit magasin. » Le Noir me dévisagea en jouant avec ses lunettes et pour finir m'invita à entrer.

Après m'avoir fait asseoir, apporté de la limonade, il me pria de répéter mon histoire et je m'exécutai. Il hochait la tête sans me quitter des yeux. Quand j'eus terminé, sa fascination se fondit en un large sourire. « Alors, comme ça, vous êtes le petit-fils du vieux rabbin Shilsky? », s'ébahit-il.

J'en convins et le sourire se transforma en un éclat de rire. En dépit de ses efforts, il ne parvenait pas à retrouver son sérieux. Au bout de quelques minutes, il retira ses lunettes pour s'essuyer les yeux. Comme je ne partageais pas son hilarité, il se répandit en excuses et se présenta. Il s'appelait Eddie Thompson, avait soixante-six ans et avait vécu dans cette maison toute sa vie.

« J'ai bien connu votre mère, me dit-il. La petite Rachel. »

Jamais je n'avais entendu ce prénom auparavant. Maman avait toujours prétendu s'appeler Ruth. Je découvrirais beaucoup plus tard qu'à l'origine elle portait le prénom yiddish de Ruchel qui avait été américanisé en Rachel et qu'elle avait transformé en Ruth.

« Oui, je connaissais toute la famille, renchérit Mr. Thompson, Rachel, Gladys, Sam et leurs parents. Rachel avait bon cœur, Gladys, celle que l'on avait surnommée Dédée était une sacrée maligne, elle tenait de son père. Il paraît que Sam, le seul fils, a été tué pendant la Seconde Guerre mondiale. La mère avait une infirmité mais parfois elle se promenait sur la route que vous voyez d'ici. Elle boitait terriblement, la pauvre. C'était une femme généreuse qui nous glissait souvent un fruit ou un bonbon quand son mari avait les yeux ailleurs. Car lui... (il s'interrompit et haussa les épaules). Ma foi, je n'ai rien à lui reprocher personnellement.

– Quel genre d'homme était-ce ? insistai-je avec une émotion qui m'étonnait moi-même. Parlez-moi de lui, du vieux Shilsky, le rabbin, mon... (le mot grand-père ne passait pas). »

Il se racla la gorge. « Comme vous êtes son petit-fils, je ne voudrais pas vous offenser. D'ailleurs, il ne m'a jamais fait de mal. »

Il cherchait à changer de sujet mais je m'entêtai : « Inutile de prendre toutes ces précautions, ce n'est qu'un nom pour moi. Mais je voudrais avoir une idée de l'homme qu'il y avait derrière. »

Il jeta un bref coup d'œil à la fenêtre comme pour s'assurer que personne n'écoutait et murmura : « Vous ne rencontrerez personne par ici qui ait eu envie de l'approcher.

– Pourquoi ça ?

– Il détestait les gens de couleur.

– Avait-il ses raisons ?

– Je l'ignore mais, en tout cas, il les haïssait et abusait d'eux. Il leur vendait n'importe quoi, leur faisait payer le maximum ; si vous lui deviez dix dollars, il vous en réclamait vingt le mois suivant. Il a même tiré un coup de revolver dans le ventre de Lijah Ricks. Mais Lijah l'avait cherché. Il avait eu le toupet de ramener à la boutique une boîte de sardines et un paquet de biscuits dont il ne voulait plus. Résultat : il a reçu une balle dans l'estomac. C'est tout juste s'il s'en est tiré. Vous voyez, on ne plaisantait pas avec le vieux Shilsky ; même sa propre femme en avait peur.

– Comment le savez-vous ?

– Moi ? Mais je n'avais qu'à regarder par la fenêtre de ma chambre à coucher pour savoir tout ce qui se passait chez lui. Sans compter que j'ai travaillé une journée pour lui. Il m'avait donné dix *cents* pour que j'allume son poêle un samedi et que j'entretienne le feu. Chez les Juifs, le samedi remplace le dimanche et ils n'ont pas le droit de travailler ce jour-là. Je me souviens de ce poêle ; il marchait au kérosène et dégageait une fumée noire, j'ignore ce qu'il est devenu... Il avait une bonne petite affaire, le vieux Shilsky, il en gagnait du fric sur le dos des Noirs ! Mais cela ne l'empêchait pas d'être avare et méchant. Il terrifiait sa femme. Quand il entrait dans la boutique, elle n'osait plus prononcer un mot. »

Chaque détail me blessait. Je tenais pourtant à en apprendre davantage.

« Et après ? Que lui est-il arrivé ?

– Il s'est enfui avec une traînée blanche. Une rien du tout qui avait d'abord épousé un Claxton, Richard Claxton. Je ne sais pas comment il l'avait rencontrée, mais pour amoureux, il l'était sans doute parce que la pauvre Mrs. Shilsky n'était plus bonne à grand-chose. Il n'en avait que pour cette grosse pouffiasse. Pardonnez-moi l'expression mais il n'y a pas d'autre mot. Avec lui qui était tout maigre, tout rabougri, ça faisait un drôle de couple. »

Il fut secoué d'un petit rire grinçant.

« Où est-il allé ? Vous avez une idée ?

– Non. Peut-être à Richmond mais je n'en suis pas sûr.

– Je voudrais beaucoup le retrouver.

– Oh, je sais où vous pouvez chercher (il me cligna de l'œil et désigna le sol). Ils l'auront mis au trou ou bien ils l'auront flanqué par-dessus le pont. »

Maintenant, rien ne l'arrêtait plus.

« Rachel, la fille, est partie un jour, sans avertir. On a pensé qu'elle était morte. Et puis, toute la famille a disparu. On s'est dit qu'on ne reverrait plus un Shilsky en ce monde. Et voilà que vous débarquez ! Pour une surprise, c'est une surprise ! J'aurais eu plaisir à revoir votre mère. »

Je pris le téléphone, fit le numéro de Maman et lui annonçai que quelqu'un voulait lui parler. Puis je tendis l'appareil au vieux Noir.

« Rachel, dit-il. Tiens-toi bien, Rachel. Ici, c'est Eddie Thompson. Oui, Eddie Thompson, de Suffolk. Tu te souviens de moi ? Nous habitions... Oui ! C'est cela même (il y eut un silence, puis il reprit). Non, ces gens-là sont morts. Il reste Molly, Margaret et Edward... Oui, c'est triste. Mais ton fils, il m'a fait une de ces surprises ! Rachel, qu'est-ce que tu as ? Tu pleures ? Allons donc ! C'est ton ami Eddie Thompson qui te parle. Rachel ! Ne pleure pas... »

21

Envole-toi, petit oiseau

Pendant l'été 1941, alors que je rongeais mon frein à Suffolk, brûlant de désir d'aller retrouver Dennis, nous avons reçu une lettre de la famille de Mameh, les parents de New York, quelques lignes qui nous annonçaient : « Nous avons de quoi meubler trois pièces, cela vous intéresse-t-il ? » Ma grand-mère, Bubeh, vivait en effet dans un appartement de trois pièces, c'est ainsi que nous apprîmes sa mort. Il n'y avait pas un mot personnel pour Mameh et le bref message était rédigé en anglais, langue que ma mère ne parlait pas. Tateh lut la feuille, puis me la jeta sur les genoux : « Lis cela à Mameh », me dit-il. J'attendis le soir pour le faire. Je regardais ma mère qui boitillait dans le magasin sans se douter de rien et j'en avais mal au cœur. Après le dîner, je la rejoignis dans la chambre à coucher où elle dormait avec Dédée et moi. Elle était assise sur sa petite chaise à bascule, près de la fenêtre. Je lui dis : « Maman, je dois te lire quelque chose. » Quand elle comprit qu'elle avait perdu sa mère, elle ne prononça pas un mot. Elle resta immobile, ses yeux fixaient la nuit, des larmes roulaient sur ses joues.

Plus tard, couchée dans mon lit, j'entendis un petit bruit qui venait du sien et devinai qu'elle pleurait. Je lui dis : « Courage, Mameh. C'est un moment pénible à passer. » Mais elle continuait à gémir en essayant d'étouffer ses sanglots. Parfois je l'entends encore. Je reconnais immédiatement sa plainte comme le fragment d'une chanson qui vous trotte en tête. Je suis, par exemple, en train de marcher dans la rue quand résonne derrière moi un petit cri étouffé, « Oh ! » je me retourne, il n'y a personne.

Je suis restée prisonnière à Suffolk bien plus longtemps que je ne le voulais. Combien de mois ? Je ne m'en souviens plus, une éternité. Mameh me disait : « Tu peux avoir une vie agréable ici », et je répondais : « Impossible, pas ici, ma vie est ailleurs. » Après quoi, nous n'en avons plus parlé et j'ai commencé à emballer mes affaires. J'ai essayé de m'expliquer avec Dédée mais elle refusait de m'écouter. Chaque fois, elle me claquait la porte au nez en me criant : « Tu avais promis de rester. » Le dernier jour, lorsque j'ai quitté la maison pour me rendre à l'arrêt de bus, Mameh m'a tendu un petit panier de pique-nique. Puis elle m'a embrassée pour la dernière fois. Plus jamais je ne l'ai revue, Dédée non plus. Quant à Tateh, il ne m'avait pas adressé un mot.

À cette époque, l'arrêt de bus se trouvait juste devant l'hôtel de Suffolk. Pendant que j'attendais, qui penses-tu qui arrive ? Tateh au volant de sa grande Ford. Il en sort et m'aborde. « Tu devrais rester », me dit-il. Comme toujours, je réponds : « Impossible. » J'étais encore plus mal à l'aise avec lui que d'habitude.

« Je m'occuperai de toi, me dit-il. Tu t'en tireras très bien. Il y a plein de choses à vendre aux fermiers du coin, de quoi gagner un joli paquet. Ou bien, je te trouverai un boulot à Norfolk. Ce ne sont pas les occasions qui manquent dans la région. »

Muette, je secoue la tête.

« Maintenant si tu as envie de poursuivre tes études, continue-t-il, je t'enverrai à Norfolk, dans une excellente école commerciale. »

Une fois encore, je marmonne : « Impossible.

– Et moi, je te demande de rester, insiste-t-il. Tu m'écoutes ? J'ai besoin de toi pour la boutique. Et ta mère, elle n'a pas besoin de toi, ta mère ? »

Nous commençons à discuter. Je me fâche. Lui qui s'apprête à divorcer, il a le toupet d'exiger que je m'occupe de Maman.

« Je sais que tu as l'intention d'épouser un négro, s'écrie-t-il soudain. Et *ça* je ne te le pardonnerai pas. »

J'en ai le souffle coupé. Comment a-t-il appris mes projets ? Aujourd'hui encore je l'ignore.

« Écoute-moi bien, poursuit-il. Si tu épouses un nègre, tu ne remettras jamais les pieds à la maison.

– Rien ne m'empêchera de revenir embrasser Mameh.

– Je te l'interdis. Si tu épouses un nègre, tu n'es plus notre fille. »

Là-dessus, il remonte dans sa Ford et démarre. Mon bus arrive, je m'y installe, je pleure un peu puis je m'endors. À mon réveil, j'ouvre le paquet que Maman m'a préparé, j'en sors des sandwiches, des boulettes de foie haché et, dans le fond, je découvre soigneusement emballé un passeport polonais, le sien, avec sa photo, la seule que je possède. On y voit une jeune femme tenant sur ses genoux mon frère Sam et moi.

Quelques semaines après mon retour à New York, alors que j'ai repris ma vie avec Dennis à Harlem, il me confie qu'il a entendu tante Mary dire que Tateh avait engagé un détective pour me retrouver. Je n'en suis que plus décidée à me terrer dans ma cachette. Jamais je ne retournerai à la maison. J'ai l'homme que j'aime et un travail dans une fabrique de tubes en verre, à Manhattan. Je tiens des tubes au-dessus des flammes et les étire pour leur donner une forme d'éprouvette. Chaque soir, quand je reviens chez moi, j'ai les doigts brûlés. Un jour, Dennis m'apprend que tante Mary a dit que ma mère était très malade et qu'on l'avait transportée dans un hôpital du Bronx. Je téléphone à tante Mary pour lui demander l'adresse de cet hôpital. Elle me répond : « Tu ne fais plus partie de la famille. Nous avons récité la prière des morts pour toi. Inutile d'insister. » J'ai mal à en crier. Pendant la nuit, je dis à Dennis : « Il faut que j'aille voir ma mère. » Il me le déconseille : « Ruth, ta tante t'a clairement signifié que tu n'étais plus des leurs. » Il a raison. Je risquais de rendre Mameh plus malade encore en forçant sa porte. Mais je me désolais, incapable de renoncer.

Un peu plus tard, le contremaître allemand de la fabrique de tubes m'interrompt en plein travail pour me dire que l'on me demande au téléphone. C'est Dennis qui m'appelle, il vient d'entendre dire que Mameh était morte ce matin-là.

À la fabrique, il y a un vestiaire que l'on peut fermer à clé et où nous nous changeons pour enfiler un tablier de cuir. Dès que j'ai raccroché le téléphone, je m'y réfugie pour crier de chagrin. Le contremaître et mes collègues m'y rejoignent, me relèvent car je pleure allongée sur le sol, essayent de me consoler. Mais je ne parviens pas à tenir debout. « Elle exagère, dit une femme. C'est du cinéma. »

Pendant des mois, je suis restée plongée dans la déprime. Je ne mange plus, je maigris, je répète sans cesse : « Pourquoi n'est-ce pas moi qui suis morte ? » Je sors, je marche, puis j'oublie où je suis, où j'habite. Je ne pense qu'au suicide. C'est Dennis qui m'a tirée de là. « Tu dois te pardonner tes fautes, m'a-t-il dit, comme Dieu pardonne au pire pécheur. » Au début, je ne l'écoute pas. J'essaie de demander pardon mais cela n'a pas de sens, ma prière s'adresse à une morte. C'est pendant que les gens vivent qu'il faut leur demander pardon, leur dire qu'on les aime, après il est trop tard. Je sanglotais en vain, serrant contre moi le passeport de Mameh. Quand j'avais quitté la maison, j'ignorais qu'elle était si près de sa fin, mais elle, elle le savait. C'est pourquoi elle avait glissé ce passeport dans mes affaires. Depuis, il ne me quittait plus. Comment me pardonner ma conduite ? En partant, je privais ma mère de son unique point d'appui. J'étais son interprète, son guide, elle voyait l'Amérique par mes yeux, l'écoutait par ma voix, n'avait que moi à qui se confier. Son fils Sam s'était engagé dans l'armée, ensuite elle avait perdu sa mère, son mari lui imposait le divorce après l'avoir maltraitée. À qui, à quoi pouvait-elle se raccrocher ?

Je mis beaucoup de temps à retrouver la paix. Sans Dennis j'aurais coulé à pic sous le poids des remords. Il m'emmena à l'église Metropolitan de Harlem, où je rencontrai le révérend Brown qui peu à peu me convertit au christianisme, la religion du pardon. Je n'avais jamais été une bonne juive. Depuis la disparition de Mameh, je ne l'étais plus du tout.

Je me souviens d'un des rares rires de ma mère, lorsqu'elle soulevait par-dessus nos têtes le poulet qui battait des ailes et que nous allions sacrifier pour le Yom Kippur. Elle lui disait : « À toi, la mort, à moi, la vie. » Ma sœur et moi poussions des cris et nous échappions avant que Tateh ait saigné la volaille selon le rite. Je suppose que cette tradition s'est perdue. Je pressais Mameh d'y renoncer mais elle répondait : « Nous offrons un poulet à Dieu pour lui exprimer notre reconnaissance. Ce n'est qu'un poulet, pas un oiseau qui chante et vole. Ceux-là, personne ne les attrapera. »

Assise à l'étage au-dessus, dans sa petite chaise à bascule, elle aimait regarder les oiseaux par la fenêtre. Elle posait des miettes de pain sur le rebord et chantonnait en yiddish quand ils venaient picorer : « Vole, vole, petit oiseau. » Ensuite, elle agitait les bras pour le plaisir de les voir reprendre leur liberté à tire d'ailes.

22

Mes racines juives

Par un après-midi de l'automne 1992, je me retrouvai devant l'unique synagogue de Suffolk, un modeste bâtiment blanc flanqué de quatre grandes colonnes à l'entrée. Autour de moi, des boutiques délabrées longeaient une ancienne voie de chemin de fer. Le quartier avait dû connaître des jours meilleurs. C'était ici que le rabbin Shilsky emmenait sa famille pour les fêtes religieuses, Rosh Hashana et Yom Kippur. La petite Rachel avait franchi ce seuil. Quand j'étais enfant, les noms des fêtes juives ne désignaient pour moi que d'éventuels jours de congé. Je ne me doutais pas que plus tard je me sentirais concerné.

J'inspectai non sans appréhension la synagogue déserte. Ma présence risquait d'intriguer quelque flic en tournée. Au début des années quatre-vingt-dix, un Noir qui examine de trop près un immeuble dans lequel il n'a manifestement rien à faire ne manque pas d'éveiller les soupçons. N'importe quel policier vous dira que ce curieux cherche un moyen de s'introduire dans les lieux, en vue d'un casse. L'idée qu'il s'agit d'un pèlerinage sur les traces d'une mère juive n'effleurerait évidemment personne et je ne m'imaginais pas expliquant que j'avais eu un grand-père rabbin et que, par conséquent... Mais comme le soleil me brûlait le dos, je m'assis sur les marches, mes notes et mon magnétophone à côté de moi.

Ici s'achevait la piste du clan Shilsky. J'avais passé beaucoup de temps à consulter des registres scolaires, administratifs, des tas de papiers dont je n'avais pas tiré grand-chose. Ma grand-mère était enterrée à des milliers de kilomètres, au cimetière juif de Long Island. L'armée m'avait confirmé que le sergent Sam Shilsky était en effet mort en février 1944, mais n'avait pu me fournir ses états de service, ni aucun autre document le concernant ; tout avait disparu avec lui. J'errais parmi des fantômes. Du rabbin Shilsky ne subsistait qu'une adresse à Broadway où il semble avoir fini ses jours après avoir vécu en Virginie et dans le New Jersey. Dédée a quitté Suffolk en janvier 1942, juste avant la mort de sa mère à New York. Peut-être s'y sont-elles rendues ensemble... La petite n'avait même pas achevé ses études. Quel désarroi elle a dû éprouver, loin de la maison de son enfance, sans parents pour l'aider puisque sa mère allait mourir, son père s'était enfui avec une chrétienne, son frère était parti à la guerre, sa sœur avait rompu tout lien avec le foyer ! L'univers de Dédée s'écroulait comme un château de cartes. Chez qui s'était-elle réfugiée ? Son père l'a-t-il recueillie ? Si elle vivait encore, elle avait soixante-sept ans. J'aurais pu me lancer à sa recherche, une enquête à la portée de mon talent de reporter, mais j'y renonçai après quelques faibles tentatives. Je craignais de lui compliquer la vie. Elle en avait assez vu. Assis sur les marches, me rôtissant au soleil, je prenais congé des Shilsky.

L'envie m'effleura d'entrer dans la synagogue que j'aurais aimé décrire à ma femme, une Noire comme moi, qui m'avait donné deux enfants. Jamais je n'avais visité ce genre d'endroit. Un jour, à une dame qui dirigeait une école hébraïque, j'avais confié que ma mère était juive. « Vous l'êtes donc aussi selon notre loi, avait-elle remarqué. Et pas le seul juif noir, nous en avons un autre qui travaille avec nous. Attendez. » Par l'interphone, elle appela un certain Sam, le concierge, qui surgit, balai à la main. Il m'adressa un immense sourire que je tentai d'imiter par politesse, mais j'avais l'impression d'être un faux jeton.

À Suffolk, je finis par repérer un rabbin qui connaissait la famille de ma mère. Je lui téléphonai. « Oui, admit-il à contrecœur, j'ai entendu parler de vous et je me souviens de votre mère. » Je lui expliquai que j'écrivais un livre sur mes origines et que je souhaitais consulter les registres de la synagogue. « Ils ne contiennent rien qui puisse vous intéresser », me répondit-il assez sèchement. J'insistai : « Je souhaiterais visiter la synagogue elle-même. » « Il faut que j'en discute avec les autres membres, que je trouve quelqu'un pour vous accompagner », marmonna-t-il et là-dessus il raccrocha. J'imaginai une bande de barbus qui avaient presque tous un pied dans la tombe et je grommelai : « Vous pouvez vous la garder votre vieille baraque. Je n'en ai rien à fiche. »

J'en avais assez de Suffolk. Le parfum des azalées et le poids de la solitude commençaient à m'écraser. N'étais-je pas, moi aussi, une personne déplacée comme les membres de ma famille qui avaient vécu dans ce bourg, en marge de la communauté ? Leur mélancolie flottait dans l'air, embrumait la statue du soldat confédéré qui me semblait braquer son fusil sur moi, comme pour m'interdire le cimetière où reposaient les héros de la guerre de Sécession. Mieux valait m'en aller sur-le-champ. Pourtant, je m'attardai, affalé sur les marches de la synagogue, évoquant un séjour précédent qui me laissait un souvenir moins amer. C'était en 1982. Un heureux hasard m'avait conduit chez un ingénieur des ponts et chaussées, un certain Aubrey

Rubenstein, solide sexagénaire aux cheveux noirs, qui s'exprimait avec un fort accent du Sud. Aussi courtois que flegmatique, il me fournit les renseignements dont il disposait : son père avait repris, en 1942, la boutique de mon grand-père. Quand il comprit qui j'étais, il me dévisagea longuement sans sourire. Finalement, il me dit : « Pour une surprise, c'est une surprise. Accordez-moi cinq minutes. » Il m'offrit une tasse de café et décrocha son téléphone.

« Jaffe, dit-il, tu ne me croiras jamais si je te dis qui j'ai en face de moi. Le petit-fils de Fishel Shilsky ! Non, je ne plaisante pas. Et tiens-toi bien : il est noir ! Si, si, je te le jure sur ma tête. Il écrit un livre sur sa famille... Moi, aussi, ça m'a soufflé... D'accord, je lui transmettrai ton message. »

Quand je pris congé, il me recommanda de ne pas quitter Suffolk sans avoir été saluer les Jaffe qui habitaient près des abattoirs. Il me semblait que Maman m'avait parlé d'eux. Mr. Jaffe tuait le bétail selon les rites kascher et Tateh allait chercher chez lui la viande de la famille. Je me rendis donc chez les Jaffe, des gens cordiaux qui m'accueillirent comme l'un des leurs, ce que je devais sans doute aux origines de ma mère. Je ne m'en étonnai pas moins d'être ainsi adopté par ces Blancs en chapeau de paille, à l'accent chantant, aux manières distinguées. La religion juive effaçait-elle la couleur de ma peau ? Il en alla de même avec leurs amis, les Sheffers et Helen Weintraub ; tous me traitèrent en parent, m'acceptèrent dans ce cercle où ma mère avait passé son enfance et où ils survivaient.

Je me souviens de ma longue conversation dans le bureau d'Aubrey Rubenstein. Un Noir qui travaillait à une table voisine nous avait observé, intrigué par ce monde disparu qu'évoquait son collègue.

« Nous ne sommes plus très nombreux, m'avait dit Aubrey Rubenstein. Jadis, au temps de votre grand-père, il y avait une trentaine de familles juives à Suffolk. Les plus âgés sont morts, les jeunes sont partis. Seuls sont restés ceux qui ont hérité d'une affaire paternelle.

– Pourquoi tous ces départs ?

– Il n'était pas facile pour un juif de vivre ici autrefois. Nous n'étions qu'une petite minorité, des commerçants pour la plupart. Certains ont décidé de tenter leur chance ailleurs. »

« Toujours le Juif errant », avais-je pensé, tandis que Mr. Rubenstein poursuivait : « Vos recherches sur votre grand-père et les siens ne manquent pas d'intérêt. À la réflexion, cette histoire a quelque chose de tragique. Shilsky avait plus de qualités qu'il ne paraît. C'était un bon rabbin, qui connaissait les textes sacrés. Il fut mon maître quand j'étais enfant. Mais il entra dans les affaires et s'y consacra tout entier, ce qui déplut à la communauté juive, puis il fréquenta une autre femme et ruina sa réputation. Je ne suis même pas sûr qu'il avait obtenu le divorce lorsqu'il s'en alla. Après la guerre, vers 1946, je l'ai croisé à New York. Mon associé et moi voulions acheter un terrain voisin de sa boutique. Je l'ai entrevu à Broadway où il logeait.

– Qu'y faisait-il ?

– Je l'ignore. Mrs. Shilsky était morte, à l'époque. Toute leur histoire se termine par un lamentable échec. »

Me voyant baisser la tête, il avait ajouté pour me réconforter : « Votre grand-mère était une dame très distinguée. Chacun la saluait quand elle entrait dans la synagogue et allumait les bougies pour les prières. La pauvre, elle boitait d'une jambe.

– Et mon grand-père ? Comment se conduisait-il avec les siens ? »

Mon interlocuteur avait haussé les épaules.

« Vous n'empêcherez pas les gens de jaser. Certes, il regardait à la dépense, sa famille aurait pu vivre sur un autre pied. Mais nous n'étions pas dans sa confidence. Comme vous le savez sans doute, votre oncle Sam s'est engagé dans l'aviation et s'est écrasé en Alaska. Votre tante Gladys, peut-être ne la connaissez-vous pas, était une débrouillarde. Votre mère, une fille courageuse, a disparu un beau jour. On a dit qu'elle s'était enfuie pour épouser un Noir. Je tiens cela de mon propre père, mais il ne la jugeait pas. Mes parents avaient l'esprit large. Pour eux, un Noir, un Blanc, un Vert, un chrétien ou un juif, c'était du pareil au même. Tout le monde se valait. »

J'avais gardé le silence, imaginant le choc ressenti par la majorité de la communauté juive à la nouvelle du mariage de Maman.

« Et comment se porte votre mère ? m'avait demandé Rubenstein pour finir.

– Très bien.

– Savez-vous que vous lui ressemblez un peu. Oui, quand vous souriez. Êtes-vous juif pratiquant ?

– Non, elle nous a élevés autrement.

– Peut-être cela vaut-il mieux... »

La candeur de sa remarque me surprit. Par discrétion, tout en parlant, il feuilletait des papiers sur son bureau.

« Je vais essayer de vous dénicher une photo de l'ancienne boutique, avait-il conclu. Je vous la donnerai à votre prochain passage. D'ici là, transmettez à votre mère le souvenir de son ami Audrey Rubenstein. »

J'avais désigné mon magnétophone. Pourquoi n'enregistrerait-il pas lui-même son message ? Il s'exécuta à voix basse. Après quoi, il se rejeta en arrière, les yeux fixés au plafond, et murmura : « Elle a choisi sa vie et l'a vécue. Elle n'a de comptes à rendre à personne. Vous m'avez dit, je crois, qu'elle avait douze enfants. Bravo ! »

En me retirant, je lui avais promis de revenir dans quelques mois. J'ignorais alors que j'attendrais dix ans pour redescendre dans le Sud et qu'il serait mort lors de ma seconde visite. J'ai gardé la bande qu'il avait enregistrée mais je ne l'ai jamais passée à Maman de crainte de la bouleverser. Moi, j'écoute volontiers le message de cet homme chaleureux, imperméable aux préjugés : « Ruth, ici Aubrey Rubenstein. Je ne sais pas si tu te souviens de moi mais moi je ne t'ai pas oubliée et je voudrais te dire que j'ai été content de rencontrer ton fils et de parler de toi. Tu en as fait du chemin depuis Suffolk ! Si jamais tu passes par ici, arrête-toi chez nous pour bavarder de l'ancien temps. Nous pensons tous à toi et te souhaitons beaucoup de bonheur. »

Assis sur les marches de la synagogue, j'entendais cette voix vibrante. Deux écolières noires surgirent dans la rue. L'une agita la main pour me saluer, l'autre tenait un paquet de chips. Je me dis : « La piste ne me mènera pas plus loin » et je remontai dans ma voiture pour regagner l'endroit où jadis se trouvait « notre » boutique, à deux pas de l'actuel McDonald's. Que tirer de ce coin de sol que recouvrait aujourd'hui un parking ? Les Shilsky n'avaient pas laissé d'empreinte dans le ciment.

Cette nuit-là, je dormis dans un motel des environs. À quatre heures du matin, je me réveillai en sursaut et me dressai sur mon lit. J'avais l'impression que quelqu'un m'appelait. Ne parvenant pas à me rendormir, je m'habillai et sortis, descendis la rue, et me dirigeai vers l'embarcadère. La lune éclairait l'eau du fleuve d'une teinte pourpre. « Mais qu'est-ce que je fais ici ? me demandai-je. Ma place est ailleurs. » Et soudain, je pensai à ma grand-mère qui avait dû se promener souvent sur cette berge, qui contemplait ce paysage mélancolique. Je partageai la solitude, la crainte permanente qui accablait Mrs. Shilsky, cette juive d'Europe, abandonnée dans une petite ville du Sud, si loin de sa mère et de ses sœurs new-yorkaises. Je mesurai la détresse de l'immigrante polonaise incapable de parler l'anglais, rudoyée par son mari, s'acharnant à transformer ses enfants en purs petits Américains, et foudroyée par la maladie à l'âge de quarante-six ans. Je me sentais à mon tour dans la peau d'une personne déplacée. Le désespoir me tomba dessus et me coupa le souffle. Je demeurai affalé, le visage dans les mains, mais je n'avais plus de larmes à verser. Peu à peu, j'émergeai d'un chagrin qui ne me concernait plus, j'avais cessé d'être le petit garçon qui s'interrogeait dans le miroir, essayant en vain de se situer quelque part. Au fur et à mesure que le soleil du matin montait par-dessus la colline, il me semblait qu'il me sortait de l'ombre pour m'indiquer ma voie. J'étais vivant, rien d'autre ne comptait. La vie l'emportait sur les races, les religions, les préjugés qui semaient si souvent la haine et le meurtre parmi les hommes. Je m'avançais sur un autre chemin et j'espérais que mes enfants m'y suivraient. Le cœur en paix, je repartis pour New York. Ma grand-mère n'avait pas souffert, n'était pas morte pour rien. Nous nous souviendrons de sa leçon.

23

Dennis

En 1942, je vivais avec Dennis dans un immeuble de la 129e rue, à Harlem. Une nuit, à mon retour du travail, une Noire m'aborda dans le hall et m'envoya son poing dans la figure avec tant de violence que je tombai sur le sol. « Cela vous apprendra à me respecter », me cria-t-elle. Je ne l'avais jamais vue, cette enragée. Elle me pourchassa jusqu'à notre appartement où je m'enfermai en attendant que Dennis revienne. Peu après, il alla lui parler. « Cette Blanche n'a rien à faire ici », lui déclara-t-elle. Dennis répondit calmement : « Je vous prie de laisser ma femme tranquille. » Il n'y eut plus d'incident. Nous avions beau ne pas être mariés, il me considérait comme son épouse.

Mais certains Noirs ne m'acceptèrent jamais : une minorité qui ne jurait que par la Nubie, l'Afrique, que sais-je... Qu'ils la gardent leur Nubie s'ils l'aiment tant, moi je suis la mère de douze enfants noirs; qui oserait dire le contraire? Je ne t'empêche pas pour autant d'aller en Afrique si cela te tente mais qu'irais-tu y chercher ? C'est ici qu'est ta famille. Maintenant, si tu as envie de fouiller parmi tes ancêtres africains, libre à toi. Quand tu reviendras, je serai toujours ta mère et toi mon fils.

Après la mort de Mameh, j'ai compris que j'en avais fini avec les Shilsky. J'étais une fois pour toutes du côté des Noirs et l'hostilité d'une minorité d'entre eux ne pesait pas lourd comparée au refus que les Blancs m'opposaient. Avec ceux-là, il n'y avait pas à discuter : ils me rejetaient. Si j'avais tenté un rapprochement, ils m'auraient dit : « Vous êtes folle ou quoi ? Vous préférez les nègres ! » Ils m'auraient traitée de pute, de traînée, et pis encore. Aujourd'hui, on entend tout le temps à la télé des couples de races différentes qui se plaignent : « Nous avons la vie dure. » Regardez-moi ça ! Ils ont des bagnoles, des tas de gadgets et ils pleurent. « Les racistes n'entendent rien à l'amour fou », gémissent-ils. C'est du mélo. Avec Dennis, nous nous débattions contre la réalité, nous risquions notre peau. Un jour, dans la 105e rue, nous avons déclenché un début d'émeute. Une foule de Blancs nous ont pourchassés, encerclés, ont essayé de tuer Dennis en lui lançant des tessons de bouteille, puis ils l'ont passé à tabac. Heureusement, l'un d'eux s'est détaché des autres et nous a ordonné : « Tirez-vous tant que vous le pouvez. » À ma connaissance, rares étaient les mariages interraciaux qui marchaient. Lorsque je pressais Dennis de régulariser notre situation, il prétendait que cela n'en valait pas la peine. Je me fâchais, je menaçais de le quitter : « Vas-y, répliquait-il. Les gens n'attendent que ça. » Il avait raison.

Pour qu'un mariage réussisse, il faut un peu d'argent, beaucoup de religion et de l'amour. C'est tout. Le reste, on s'en arrange. L'amour fou, c'est bien joli mais il s'apaisera un jour et alors que restera-t-il ? Je sais ce que je dis parce que l'expérience me l'a appris. Au début, nous n'avions pas besoin de mariage pour être heureux. Harlem nous grisait. Chaque semaine, il y avait des parades sur la 7e avenue, et quels orateurs : Adam Clayton Powell, Malcolm X ! Le samedi, nous allions à l'Apollo, où l'on pouvait rester de onze heures du matin jusqu'à minuit, voir trois spectacles pour le prix d'un : des films, des dessins animés, des numéros en tous genres. Et pour finir, place au jazz. Il avait ses rois : Count Basie, Duke Ellington, Billie Holliday... Les musiciens ne ménageaient pas leur peine à l'époque, les pasteurs non plus. Le dimanche, nous allions écouter le révérend Abner Brown, à l'église baptiste métropolitaine de Lenox Avenue.

Jamais je n'ai rencontré prêcheur pareil. Il aurait fait bondir une bûche au seul nom de Jésus. Au lieu de nous menacer des foudres du ciel, il mettait Dieu à la portée de chacun, comme si le paradis était à deux pas de nous. Tout Harlem l'adorait et se pressait à ses sermons comme à un concert de rock. Si vous n'arriviez pas à neuf heures, le dimanche matin, pour le sercice de onze heures, vous restiez debout dans l'aile, parmi plus de deux mille personnes. Dennis était diacre et chantait dans les chœurs. Quelles merveilleuses années ! Rien qu'à m'en souvenir, j'en ai les larmes aux yeux.

Dennis m'a appris une foule de choses que j'ignorais. Chaque jour, il méditait pendant un quart d'heure. Il a gardé cette habitude jusqu'à sa mort et les enfants eux-mêmes la respectaient. Il croyait à l'égalité des droits, à l'importance de l'éducation, il me fit partager son admiration pour des gens comme Paul Robeson et le champion de base-ball Jackie Robinson, son héros, « la preuve qu'un Noir était capable de tout », disait-il. Il me communiqua ses goûts, par exemple celui de dîner le soir au lieu de la fin de l'après-midi et de me régaler de côtelettes de porc, de bacon, de coquillages : toutes ces bonnes choses interdites par le régime kascher. Il ne m'en voulait pas de mal tenir la maison, de ne pas même savoir comment repasser une chemise. Personne ne m'avait formée. Autrefois, Tateh avait engagé une Noire qui venait deux fois par semaine aider Mameh. Dennis s'en tirait mieux que moi pour les soins du ménage. Quand j'eus mon premier bébé, je devins « mère au foyer » et mes voisines de palier, Susie et Irene m'enseignèrent un peu de cuisine. Elles avaient des intérieurs modèles alors que chez nous, cela ressemblait à un trou à cochons.

En 1942, peu après la mort de Mameh, j'annonçai à Dennis : « Je veux devenir membre de ton église.

– En es-tu sûre ?, me demanda-t-il. Comprends-tu ce que cela signifie ? »

Je lui affirmai que j'y avais réfléchi et que je l'avais décidé.

Quelques semaines plus tard, à l'église, tandis que nous chantions un hymne, je sentis l'Esprit saint m'envahir et lorsque le révérend Brown appela à se prononcer ceux qui désiraient faire partie de la communauté, je m'avançai jusqu'à l'autel. Le révérend me serra la main, puis tous les diacres en firent autant. Jamais, depuis ce jour-là, Jésus ne m'a abandonnée. Par la suite, je devins secrétaire de la paroisse, parfois je servais de témoin aux mariages que célébrait le révérend Brown. En regardant les couples s'agenouiller, j'avais le cœur gros. Nous donnions le mauvais exemple, Dennis et moi, qui vivions en concubinage. Un soir, je dis à Dennis : « Il faut nous marier. » Mais il hésita. « Je viens du Sud, répondit-il. D'un endroit où l'on pourrait me tuer si j'épousais une Blanche. » Je protestai : « Ici, ce n'est pas le Sud, c'est New York. Je suis chrétienne à présent et je refuse de vivre plus longtemps dans le péché. Si tu ne m'épouses pas, je m'en vais. » Cela ne suffit pas à le convaincre. Il cherchait à gagner du temps. Un soir, dans un élan de colère, je partis en claquant la porte. « Je ne passerai pas une nuit de plus sous ce toit », annonçai-je. Mais Dennis courut derrière moi. « Ne te fâche pas, Ruth, je t'aime. Moi aussi, je voudrais t'épouser. » Quel homme c'était, le plus tendre, le plus généreux ! Tous ses amis de Caroline qui passaient dans le coin venaient lui rendre visite. « Dennis, Dennis ! » criaient-ils sous nos fenêtres. Il les invitait à monter et leur offrait nos dernières provisions. Il leur aurait donné sa chemise. Sa famille était comme lui, partageait tout ce qu'elle avait. Dès qu'ils m'avaient vue, ses parents m'avaient ouvert les bras. J'en étais fière.

Nous devions nous marier à la mairie un samedi, mon jour de congé. Comme Dennis travaillait le matin, nous avions rendez-vous à deux heures. À l'époque, il avait quitté les ateliers de tante Mary pour une entreprise franc-maçonne qui vendait des livres et des tabliers de cuir par correspondance. Naturellement, j'arrivai à l'heure dite à la mairie mais Dennis n'y était pas. Je l'attendis une éternité. Comme je me préparais à m'en aller, il surgit en riant. « Je t'y prends, me lança-t-il. Tu ne te débarrasseras pas de moi comme ça. »

Dans la salle des mariages, les employés nous dévisagèrent avec une antipathie manifeste. Aucun ne voulut nous aider à remplir les formulaires mais nous nous en moquions. Quand nous eûmes notre contrat, nous courûmes chez le révérend Brown qui nous bénit dans la sacristie de l'église. Il savait évidemment que je vivais déjà avec Dennis. « Ce n'est pas grave, dit-il. Il y en a beaucoup d'autres et je garderai le secret. » Le concierge et la femme de charge nous servirent de témoins. Ensuite, il y eut une réception chez nos amis, Sam et Trafinna Wilson. Ils avaient décoré leur appartement avec des guirlandes roses et blanches, préparé des sandwiches, des gâteaux, sorti leur plus beau service à café. Le révérend Brown nous rejoignit et ce fut la fête. Je n'avais pas besoin de champagne ou d'un orchestre. J'aimais mon mari, mon mari m'aimait, que demander d'autre ? Il me suffisait de dire : « mon mari » pour être inondée de bonheur. Quand nous nous retrouvâmes seuls, il m'avertit : « Attention, Ruth, il va nous falloir être forts. Les gens ne manqueront pas d'essayer de briser notre union. » Il disait vrai mais personne n'a jamais réussi à nous séparer. Nous avons dormi toutes les nuits ensemble, sauf lorsqu'il a emmené les enfants voir ses parents en Caroline du Nord. Impossible pour moi de descendre dans le Sud, c'était trop dangereux. Je ne m'y suis risquée qu'une fois, la dernière, pour ramener son cercueil au pays natal.

Après la naissance du premier bébé, en 1943, nous avons déménagé pour un studio plus vaste, où il y avait une kitchenette, et qui coûtait six dollars par semaine. Nous avions peine à nous mouvoir entre l'évier, l'armoire, le poêle et la petite glacière que nous remplissions régulièrement de pains de glace. Nous avions acheté des meubles pliants, une table et quelques chaises. L'unique fenêtre donnait sur une cour si étroite qu'il était impossible de dire s'il pleuvait ou neigeait dehors, à moins de se pencher à l'extérieur. Il y avait des toilettes communes et des cafards partout. Plus on en tuait, plus il en venait. J'avais rangé mon chapeau du dimanche au sommet de l'armoire et chaque fois que je le soulevais, je tombais sur un nid de cafards. Nous avons élevé quatre enfants dans cette pièce ; les bébés dormaient dans les tiroirs, ensuite sur des matelas que je roulais en boule chaque matin. Cela dura neuf années qui furent les plus heureuses de ma vie.

Je me liai d'amitié avec une femme blanche, Lily, que j'avais rencontrée dans le parc où nous promenions nos enfants. Les siens avaient la même couleur que les miens, et pour cause, Lily avait épousé un Jamaïcain. Elle était juive comme moi, originaire d'une riche famille de Floride, une femme très cultivée qui adorait la lecture, l'opéra. Sous l'influence de son mari, elle s'était inscrite au parti communiste, ce qui était courageux à l'époque car le gouvernement traquait les communistes. Dennis et moi n'avions qu'un parti : celui de Jésus, mais cela ne nous empêchait pas de sympathiser avec Lily. Un jour, elle est partie en Californie. Son mari l'avait abandonnée pour une femme plus jeune. C'était un chaud lapin ; il avait même tenté sa chance avec moi en l'absence de Lily. Durant des années, elle m'a envoyé de ses nouvelles. Elle s'était convertie au culte de Krishna et remariée avec un Blanc. J'avais décidé d'aller la voir quand j'ai reçu une lettre très désagréable, pleine de reproches et d'insultes. Je n'y ai rien compris mais j'ai renoncé au voyage. Sans doute Lily avait-elle des problèmes avec ses enfants alors que je n'avais qu'à me féliciter des miens.

Ils se multipliaient si vite que je ne savais plus où les mettre. Nous nous sommes inscrits, Dennis et moi, sur la longue liste des candidats aux appartements à loyer modéré que l'on construisait à Brooklyn. « N'y comptez pas trop », nous a dit le fonctionnaire. Nous n'avions aucun piston mais la chance nous a souri et, en 1950, on nous a accordé un deux-pièces au sixième étage, avec une salle de bains ! C'était un don du ciel. Bien sûr, notre logis avait ses points faibles : le sol et les murs étaient en ciment ; les enfants se blessaient lorsqu'ils tombaient et toute notre vaisselle y passa. Tant pis, nous mangions dans du plastique. Il faisait bon vivre à Brooklyn, alors. Les Italiens y côtoyaient les Portoricains et les juifs, c'était l'intégration totale, telle que l'Amérique l'avait promise. Les enfants jouaient dans le square, sur les toboggans, les balançoires. Chaque matin, j'embrassais Dennis lorsqu'il partait au travail et le soir, j'allais l'attendre au coin de la rue. Je le reconnaissais de loin, à sa démarche, à sa chemise blanche. J'étais fière de son allure. Les enfants se précipitaient vers lui comme des jeunes chiens et grimpaient le long de ses jambes. Il leur distribuait des bonbons, des chewing-gums. Nous formions une vraie famille. Pas un instant je n'ai regretté de m'être coupée des miens.

Au début, nous nous rendions chaque dimanche à l'église métropolitaine de Harlem mais le révérend Brown mourut d'une crise cardiaque et il me sembla que cela ne valait plus la peine d'imposer aux enfants un dur voyage en métro pour prier le dimanche à Harlem. Dennis qui se sentait appelé décida de fonder son église. Il cessa complètement de boire de l'alcool, suivit des cours dans une école biblique et fut nommé prêtre en 1953. Nous fîmes du porte à porte pour inviter les gens à venir prier chez nous le mercredi soir et le dimanche matin. J'étendais une nappe blanche sur la table qui servait d'autel à Dennis. Quelques années plus tard, il me dit : « Il faudrait avoir une église. » Je protestai : « Et puis quoi encore ? » Son maigre salaire nous permettait à peine de nourrir nos enfants qui étaient passés de quatre à sept. Il n'y avait pas meilleure pondeuse que moi. Pour ta sœur Helen, par exemple, je me passai de visites prénatales, d'examens médicaux et le jour dit, j'allai accoucher à l'hôpital, après quoi je revins à la maison comme si de rien n'était. Seuls les repas et les vêtements posaient problème. Je courais les braderies, les ventes de charités. Avec l'aide de Dieu, nous nous en tirions toujours.

Mais Dennis de son côté s'entêtait à créer « son » église. Il finit par dénicher dans le quartier un hangar qui ne coûtait ni ne valait grand-chose. Comme son propriétaire, un Blanc, ne voulait pas le louer à un Noir, ce fut moi qui allai signer le contrat. Et lorsque ce monsieur vit arriver toute la famille, plus les amis, avec des pots de peinture et des outils pour rénover l'endroit, il était trop tard pour changer d'avis. Notre église fut dédiée au révérend Brown et bientôt la communauté compta soixante membres, ce qui nous força à chercher un autre local. Nous en découvrîmes un, avec le chauffage ; la chance ne nous quitta pas jusqu'au jour où...

Un soir, Dennis rentra du travail avec un mauvais rhume. Je le forçai à se coucher et durant trois semaines il garda le lit, toussant, se mouchant, respirant mal. Comme il fumait à la chaîne des cigarettes sans filtre, qu'il s'était égosillé à prêcher dans son église et que le mois de janvier avait été particulièrement froid, je ne m'inquiétai pas trop. Mais à la longue, la fièvre m'alarma et je le conduisis à l'hôpital. Notre couple suscita l'étonnement et l'ironie habituels. « Qui est cet homme ? Votre mari ? » Mais je laissai dire. Je voulais seulement que l'on guérisse Dennis et qu'il rentre à la maison. Il nous manquait, aux enfants et à moi. Sans lui, la vie ne tournait pas rond. Ta sœur Rosette interdisait à tout le monde de s'asseoir dans le fauteuil paternel, c'est dire !

Malgré les soins, la maladie empira. Les docteurs y perdaient leur latin. L'un prétendait qu'il y avait un problème aux poumons, l'autre penchait pour le pancréas. Tous se dérobaient à mes questions et parlaient entre eux d'un « cas », en me désignant d'un coup de menton dans le couloir quand ils pensaient que je ne le remarquerais pas. Je ne m'en offusquais guère, seul comptait l'état de Dennis. Chaque jour, ma voisine de palier m'interrogeait : « Comment va le révérend McBride ? » « Il n'a rien mangé aujourd'hui », répondis-je. « Courage ! répétait-elle. Quand il aura touché le fond, il remontera. » Une seule fois, je pus lui annoncer joyeusement : « Il a mangé un demi-pamplemousse. » « Vous voyez ? C'est signe qu'il reprend », me dit-elle. Mais le lendemain son état s'aggrava. Et voilà que je constatai que j'étais enceinte. D'abord, j'hésitai à le croire mais Dennis en fut tout de suite convaincu. « Nous l'appellerons James, décida-t-il. En souvenir de mon oncle Jim. » C'est pourquoi tu as ce prénom. Pas un instant, pendant ma grossesse, je n'ai pensé que je serais veuve à ta naissance. Dennis, lui, n'avait pas d'illusions et essayait de me préparer. « Si je viens à disparaître. Notre Seigneur Jésus prendra soin de vous tous », m'affirma-t-il. « Tais-toi », lui criai-je, saisie de panique.

Parfois à l'hôpital, en sortant de sa chambre, j'éclatais en sanglots. Une nuit que je pleurais ainsi, le nez contre le mur, un des docteurs blancs me demanda : « Qu'est-ce que vous fabriquez ici ? L'heure des visites est passée. » Pour m'excuser, je balbutiai : « Mon mari est là » et j'indiquai la chambre de Dennis. Le docteur me toisa des pieds à la tête et s'éloigna en grommelant je ne sais quoi.

Un jour, Dennis me pria de lui amener les enfants. Je protestai que c'était impossible, qu'ils allaient à l'école et que l'hôpital interdisait la visite des mineurs. Je ne voulais pas qu'ils voient leur père si faible. Mais il insista et les gosses me supplièrent de céder. Pour finir, je consentis à les amener sous sa fenêtre. « Tu leur feras signe », lui dis-je. Je retournai à la maison, réunis ma troupe d'enfants et la conduisis à l'endroit indiqué. « C'est nous ! » crièrent-ils. Derrière la vitre du deuxième étage, Dennis leur envoya des baisers. L'expression de son visage me glaça d'angoisse. « Seigneur, vous ne laisserez pas mourir mon mari, n'est-ce pas ? priais-je. C'est le père de mes petits. Il ne mourra pas, n'est-ce pas, Seigneur ? » Je ne pouvais rien faire d'autre que supplier Dieu de ne pas m'enlever mon mari.

Et quelques jours plus tard, il n'était plus, il était mort. Comment l'admettre ?

À six heures du matin, un coup de téléphone m'avait réveillée. Un des médecins de l'hôpital me demanda si j'étais bien Mrs. McBride. Quand je l'en eus assuré, il m'annonça que Mr. McBride était décédé. Je me fâchai : « C'est impossible. Il n'allait pas si mal que ça. » « Il avait un cancer », me dit le docteur. C'était la première fois que j'entendais ce mot : cancer. Je demeurai plantée là, regardant par la fenêtre les chantiers de construction ; l'aube se levait, le matin du 5 avril 1957, jamais je n'oublierai cette date, mais il me semblait que j'entrais dans la nuit. Oui, je m'enfonçais, je me noyais dans l'obscurité. Les enfants se réveillèrent et se pressèrent autour de moi. Nous nous mîmes à pleurer. Une partie de moi était morte avec Dennis. J'aimais cet homme plus que la vie même et parfois je suppliais Dieu de me prendre et d'épargner Dennis qui était meilleur et plus utile que moi. Il avait plus à offrir au monde. À moi, il avait donné sa religion et un foyer après que j'eus perdu le mien. Sans lui, je me noyais. Je lui en voulais de m'avoir abandonnée en route, avec tous ces gosses sur les bras, mais par-dessus tout de ne plus être là.

Nous l'avons enterré à High Point, en Caroline du Nord. Comme j'étais en état de choc, ce furent ta tante Candis et ta sœur Jack qui organisèrent les funérailles à Brooklyn et ensuite celles qui auraient lieu dans son pays. Ce fut la première et la dernière fois que je l'accompagnai dans le Sud. Je ne pouvais m'éloigner du cercueil que l'on venait de refermer; j'aurais voyagé à côté de lui dans le train si le règlement ne l'avait interdit. Pendant tout le trajet, je me répétais : « Je le ramène chez lui. Il dormira dans sa terre. » Personne ne m'en empêcherait, ni Blanc, ni Noir. Je jure devant Dieu que si quelqu'un avait essayé, je l'aurais abattu sans hésiter. À l'arrêt de High Point, ton oncle Jim est venu avec moi au guichet pour accomplir les formalités. Le fonctionnaire blanc a demandé : « Qui se charge de ce corps ? » « Moi », ai-je dit et il m'a observée, interloqué. Puis il a répété sa question et, à nouveau, j'ai affirmé : « C'est moi. » L'oncle Jim est intervenu, a prétendu qu'il était responsable du corps, a tenté d'aplanir les difficultés mais je l'ai interrompu : « Non, mon oncle. C'est le corps de mon mari que je viens enterrer chez lui. Personne d'autre ne s'en occupera. » Mes paroles ont jeté un froid mais le fonctionnaire a consenti à signer les papiers et nous avons pris la route du cimetière, l'oncle Jim et moi. Sur les trente-six ans que j'avais à l'époque, j'en avais passé près de seize avec Dennis. Jamais je n'avais été encore indépendante et responsable. L'apprentissage ne fut pas facile. Parfois le soir, je déambulais dans les rues, suivie de mes sept gosses et soudain j'éclatais en sanglots. Ta sœur Helen qui avait alors neuf ans me disait : « Ne pleure pas, Maman. Papa est au ciel », ce qui me faisait pleurer davantage.

Pourtant, la communauté vola à mon secours. Quand je revins du Sud, je trouvai mon casier à courrier plein de lettres, avec des chèques, des virements, ou des dollars glissés dans l'enveloppe, dons de nos voisins et des membres de l'église de Harlem. Jamais je n'oublierai cette générosité. Les gens m'envoyèrent des oranges, des sacs de pommes et même des poulets, des dindes, des vêtements. Les collègues de ton père, des Blancs qui travaillaient chez McCoy, firent la quête pour nous. La tante Candis monta de sa Caroline pour me donner un coup de main avec ta sœur Jack. Mais malgré toute cette entraide, je ne m'en sortais pas.

Un jour que j'étais sur le point de m'effondrer, je décidai de m'adresser à ma famille juive. Je rendis visite à tante Betts qui avait épousé un homme riche et vivait sur un grand pied à l'est de Manhattan, dans un immeuble ultra-chic avec portier. Je dus plaider ma cause auprès de ce portier qui ne voulait pas me laisser entrer. Quand je sonnai, ce fut ma tante qui ouvrit. Dès qu'elle m'eut reconnue, elle referma et je redescendis, les larmes aux yeux. Ensuite, je téléphonai à ma sœur Dédée dont j'avais déniché l'adresse. Lorsque je lui dis qui j'étais, elle répondit : « Je n'ai pas oublié. Tu avais promis que tu ne t'en irais pas. » Je lui demandai pardon mais elle n'avait pas le temps de parler. « Rappelle-moi demain », me dit-elle. Le lendemain, je tombai sur son mari. « Ta sœur ne veut plus te voir, me dit-il. Inutile d'insister. » J'étais morte aux yeux des miens. Lorsque les juifs ont récité le kaddish et qu'ils t'ont condamnée au cours d'une shiva, tu n'existes plus pour eux.

Je ne crois pas que je m'en serais tirée sans ton beau-père. Ce n'était pas un prêtre comme Dennis mais un fonctionnaire municipal qui, en trente années de travail, n'avait jamais eu une minute de retard, et dont chacun appréciait la bonté, l'égalité d'humeur. Nous devînmes amis et il me proposa de l'épouser.

« Accepte », me conseilla la tante Candis. Elle nettoya l'appartement de fond en comble pour le convaincre que j'étais une bonne femme d'intérieur. Elle réussit même à lui faire croire, quand on l'invita à déjeuner, que c'était moi qui avait préparé les côtelettes de porc et les épis de maïs, moi qui étais incapable de cuire un hamburger ! Lorsque je lui révélai la vérité, Hunter haussa les épaules : il s'en moquait. Ses frères lui dirent qu'il était fou d'épouser une veuve avec huit gosses dont un nouveau-né, toi. Mais il s'obstina. Moi, j'hésitais. Je ne me sentais pas prête pour un nouveau mari. À trois reprises, je refusai sa main. Je vous emmenai tous en Caroline du Nord pour discuter avec les parents de Dennis. Quand j'annonçai à la grand-mère Etta qu'un homme tenait à m'épouser, elle s'écria : « Dieu vous bénisse, Ruth ! Vous êtes notre fille. Refaites donc votre vie. » Voilà comment sont les Noirs là-bas et voilà pourquoi je n'ai jamais eu de problèmes avec eux, pourquoi je n'ai jamais envisagé d'épouser un Blanc. Je confiai à ton futur beau-père que ma famille juive m'avait reniée, ma propre sœur, la tante Betts. Il me conseilla de tirer un trait sur le passé. « Tu n'as plus besoin d'eux. Je t'aiderai jusqu'à la fin de mes jours. » Et c'est ce qu'il a fait, tu le sais.

24

L'église de mon père

« Que le Seigneur vous bénisse. »

Nous sommes en octobre 1994. À l'occasion du quarantième anniversaire de notre église, un gala nous a réunis à l'hôtel Ramada, près de l'aéroport de la Guardia. Le diacre nous accueille en récitant une prière. L'endroit est humide, sombre et froid, le buffet médiocre et le petit orchestre évangélique qu'un fidèle a loué joue trop fort mais nul ne s'attarde à ces détails. Pour célébrer ce grand jour les soixante membres de la congrégation se sont mis sur leur trente et un. Voilà près d'un quart de siècle que notre église, située dans un des quartiers les plus pauvres de Brooklyn, résiste à toutes les épreuves. C'est la maison de Dieu, celle où ma mère a trouvé refuge durant les heures sombres, celle où je me suis marié, celle que mon père, Andrew McBride a décidé de construire.

Il est mort avant que son rêve soit complètement réalisé mais quand je feuillette ses vieux dossiers remplis de plans, de documents, de notes jetées par lui sur des feuilles, je découvre l'homme qu'il fut. Il mentionne ses lectures, Dostoïevski, Faulkner et bien sûr des versets de la Bible. Il confie ses pensées. « Parfois, écrit-il, sans toujours en avoir conscience, nous donnons la priorité au passé auquel nous rattache nos origines, notre foi, nos goûts. Nous évoquons une autre époque, d'autres lieux, d'autres personnes et perdons notre emprise sur le présent. Nous sommes convaincus que, si nous pouvions revenir en arrière, nous serions plus heureux. Mais qui tente l'expérience va vers une déception. Qui revoit sa ville natale, après des années d'absence, mesure effaré la distance qui sépare ce qu'il voit des souvenirs qu'il en avait. Il a beau parcourir les rues familières, il n'est plus qu'un étranger dans un pays étranger, incapable de retourner chez lui, même en esprit. La vie l'a conduit ailleurs, ce qu'il regrette n'existe plus. Ni physiquement, ni en rêve, il ne retrouvera ce qui fut. » En marge de ses réflexions, je découvre aussi des noms et adresses de docteurs qui, espérait-il, le guériraient de son cancer. Mais il était arrivé au bout du rouleau et il le savait.

Quand il mourut, à quarante-cinq ans, il n'avait souscrit aucune assurance et ne laissait à sa femme et à ses enfants ni biens, ni argent. Mais il avait transmis à Maman ses principes, ce qui lui permettrait de nous élever, tous les douze, dans la foi et la discipline : prières quotidiennes, interdiction de sortir après cinq heures du soir, priorité aux études. Et lorsqu'il épousa ma mère, mon beau-père prit la relève. Voilà comment de cette nichée de gosses sans le sou sortirent plus tard des médecins, professeurs, ingénieurs. « Dieu a honoré le révérend McBride », disaient les paroissiens de notre église.

Aujourd'hui, la dame qui mena les siens à la baguette trône sur l'estrade, à la place d'honneur. C'est la seule Blanche de l'assistance. Elle porte une robe bleue imprimée et tient sur ses genoux ma petite fille âgée de deux ans, Azure. Il a fallu beaucoup d'obstination pour décider Maman à venir. Au début, elle ne voulait rien entendre. Le courant passe mal entre elle et le nouveau jeune prêtre que l'église a nommé en 1989 et dont le premier soin fut d'enlever de l'autel le portrait du fondateur pour le pendre à la sacristie, une vaste annexe construite grâce aux souscriptions des fidèles. Et pour comble, le prêtre ne reconnut pas ma mère quand elle vint au service. Cette erreur aurait été pardonnée si quelqu'un avait suggéré au débutant de prononcer le nom de notre famille entre ceux des malades, des affligés, des jubiliaires. « Bienvenue à Mrs. McBride qui a fondé cette église », aurait-il dit et la paix aurait désarmé la méfiance maternelle. Mais cet apprenti n'y pensa pas. Il salua Maman à la sortie comme une étrangère, une Blanche à laquelle il prodigua ces sourires obséquieux que les Noirs réservent si souvent aux Blancs.

Maman fut si blessée d'être traitée ainsi qu'elle se jura de ne plus mettre les pieds dans cette église, serment qu'elle rompait régulièrement bien qu'il lui en coûtât alors deux heures de métro pour se rendre, depuis sa nouvelle maison du New Jersey, dans ce lieu saint conçu par mon père. En toute honnêteté, force est d'admettre que le nouveau prêtre manquait de maturité et d'expérience. Il tombait de la lune et Maman l'avait jugé : « Un blanc-bec qui ne voit pas plus loin que le bout de son nez. Il ne pense qu'au poulet qu'il se tapera à midi. Ton père, lui, était un visionnaire. » Personne ne supportait la comparaison avec mon père.

Durant des années, Maman évita de parler de lui. On eut dit qu'avec le temps les souvenirs qu'elle avait s'estompaient ou peut-être, en son for intérieur, considérait-elle son premier mariage comme le début d'une vie qu'il avait brisée par sa mort et lui était-il impossible de remonter le courant jusqu'aux temps anciens du bonheur. Au-delà se situait le territoire interdit : l'enfance juive. Pour l'éviter, ma mère faisait maints détours ou feignait l'oubli. Sa mémoire ressemblait à ces champs de mines vietnamiens qui pouvaient exploser sous vos pas.

Lorsqu'elle évoquait mon père, c'était avec un mélange de respect et de remords. « Je n'ai jamais deviné à quel point il était malade », soupirait-elle. À mes yeux, cet homme dont j'étudiais si souvent la photo restait une énigme, un parangon de vertus que nul ne pouvait égaler. Maman finit par l'admettre et pria mes aînés de contribuer à sa modeste donation pour l'église.

Je la regarde qui siège sur l'estrade, à côté de l'invité d'honneur, le révérend Hunson Green, un gros bonnet baptiste. Au terme de la cérémonie, notre jeune prêtre monte sur le podium, empoigne le micro et commence à chauffer l'assistance. Des rires saluent ses plaisanteries : « Videz-moi donc vos assiettes, le steack est peut-être coriace et les légumes caoutchouteux, mais il faut bien se remplir le ventre le samedi soir pour être en forme le dimanche et je vous attends tous à l'église. » En conclusion, il invite Maman à prononcer quelques mots et la présente à l'assistance comme la fondatrice de l'église. Cette fois, il a mis dans le mille. Maman pose sa petite-fille sur les genoux de son voisin, se lève et s'approche du micro.

Il lui faut du temps pour y arriver.

Elle a soixante-quatorze ans aujourd'hui, ses genoux coincent parfois et le léger déhanchement qui la faisait tanguer s'est transformé en une houle violente. La fougueuse guerrière de mon enfance se retrouve enfermée dans un corps d'infirme. Mais son visage n'a pas changé, ses yeux brûlent toujours de passion, ses cheveux sont restés noirs, peut-être grâce à la teinture. Comme elle ne boit ni ne fume, qu'elle pratique le yoga trois fois par semaine, elle paraît dix ans de moins. Bien sûr, elle a trop de tension et son cœur manifeste des signes de fatigue. Mais quand mon frère, le médecin, a voulu l'emmener consulter un grand spécialiste, elle a refusé : « On ne m'aura pas comme ça », lui a-t-elle lancé, le « on » désignait les hôpitaux et cliniques, ces endroits, où « on vous enfonce des aiguilles d'une main en vous ponctionnant votre argent de l'autre ». N'empêche, elle a peine à marcher, les escaliers surtout lui sont une torture. Depuis peu, elle s'est mise à parler comme si elle avait déjà un pied dans la tombe. « L'année prochaine, si je suis encore là... », dit-elle avant d'émettre le souhait de se rendre à Disneyland ou d'assister à une remise de diplôme d'un de ses petits-enfants. Quand je l'entends évoquer sa disparition, le vertige me gagne. Comme tant de gens qu'elle a soutenus, je ne sais pas ce que je deviendrais sans elle.

Mais la voici devant le micro qui m'arrache à mes pensées. Elle serre dans sa main une feuille de papier chiffonné qui contient, tapée à la machine, la moitié de son discours. La page tremble entre ses doigts. Elle la pose sur le pupitre, la lisse, approche le micro de sa bouche et l'auditoire retient son souffle.

« Mes hommages au révérend Reid et à la congrégation, lance-t-elle d'une voix haut perchée. Cette église... »

Et elle s'arrête. Est-ce un trou de mémoire, un excès d'émotion. Tandis qu'elle toussote, une volée de « Amen ! » et de « Vas-y petite ! » fuse de l'assistance. Elle reprend : « Cette église nous prouve la puissance de la foi. » À présent, elle ne s'interrompra plus. Elle fonce à l'aveuglette comme si elle conduisait sa voiture dans une tempête, change brusquement de direction, sème des phrases inachevées, bredouille des mots incompréhensibles et son timbre saute du grave à l'aigu. Enfin, elle s'interrompt, la main sur le cœur. On n'entend plus que son souffle qui halète et le public inquiet se demande ce qu'il doit faire. Craignant qu'elle n'ait un malaise, je m'apprête à bondir mais déjà elle m'a devancé. Renonçant à son texte, elle se confie directement au micro : « Mon mari a décidé un jour de fonder cette église. Mais nous n'avions pas le sou. Alors il a dit : Commençons ici, dans notre salle à manger. Nous avons nettoyé la pièce, étalé une nappe blanche sur la table, posé le retable, puis nous avons invité les voisins. C'est ainsi que tout a commencé.

– Amen », répond le public en chœur.

Ma mère prend confiance et poursuit : « Nous avons lu la Bible et célébré le service. Comme nous n'avions pas d'orgue, nous nous sommes contentés de chanter. Ce furent les plus beaux jours de ma vie. » Sa voix s'enroue, des larmes lui brouillent les yeux.

« Amen », clame l'assistance.

Ma mère pivote sur elle-même et regagne sa place, boitant comme d'habitude mais avec un entrain dynamique. Ses soixante-quatorze années de vie se détachent d'elle comme des flocons de neige. Juste avant de s'asseoir, elle se redresse et nous lance : « Dieu vous bénisse au nom du Christ ! » Son poing se tend vers le ciel. Elle a le visage cramoisi, le nez rouge, elle pleure, moi aussi.

Quelques minutes plus tard, en la raccompagnant en voiture, je remarque : « Dis donc, j'ai l'impression que tu t'es réconciliée avec le nouveau prêtre.

– Laisse-le tranquille, réplique-t-elle. Il fait du bon travail. On a de la chance de l'avoir quand on voit comment sont les autres. Dommage que tu ne sois pas prêtre. Y as-tu jamais pensé ? Non, sans doute, tu manques de clairvoyance, tu n'as rien d'un visionnaire. »

Je le reconnais en toute humilité.

« Tant pis, dit-elle. Puisqu'il en est ainsi, raison de plus pour ne pas gaspiller le temps que le Seigneur t'a accordé. »

25

Sur les pas de la petite Ruth

En juin 1993, comme j'aidais Maman à rédiger son testament, j'en vins aux funèbres détails de l'enterrement.

« Surtout pas dans le New Jersey, dit-elle. Personne ne voudrait d'un endroit pareil.

– Le mieux serait la Virginie, suggérai-je, près de ton second mari.

– Ah non ! Je me suis enfuie de là-bas, je n'y retournerai pas les pieds devant.

– Et la Caroline du Nord ? À côté de ton premier mari ?

– C'est encore le Sud. Je l'ai toujours détesté, vivante ou morte, il ne m'aura pas.

– D'accord. Mieux vaut New York. Tu y a vécu quarante ans, c'est la ville que tu préfères.

– Mais il y a trop de monde. On vous enterre les uns par-dessus les autres. Je n'aimerais pas être écrasée par quelqu'un. »

Je perdis patience : « Enfin, Maman, décide-toi. Où te mettrons-nous ? »

Elle leva les mains en un geste fataliste : « Qui s'en soucie? J'ai si peu de choses à vous laisser, mes pauvres enfants, sauf des factures. » Agacée, elle quitta la table de la cuisine où elle était accoudée et toisa ses futurs héritiers : « Enterrez-moi ici, enterrez-moi là, en voilà un sujet de conversation! Avez-vous envie de vous débarrasser de moi? De me tuer? En tout cas, vous ne me traînerez pas à l'hôpital. »

Elle prit une sorte de visière antisoleil et s'en coiffa.

« Ça, c'est une trouvaille de votre sœur, nous expliqua-t-elle.

– Pour quoi faire?

– J'avais une petite grosseur sur le visage et Helen m'a emmenée chez un docteur ultra-chic. Maintenant, je dois porter ce truc idiot. J'ai l'air d'un coq. »

Par la suite, les docteurs découvrirent que la grosseur en question, à l'origine un grain de beauté, était cancéreuse, sans doute due à une trop grande exposition au soleil. Les Noirs n'ont guère de problèmes de ce genre. Jusqu'à la fin, Maman souffrira de ces contradictions : femme de deux maris noirs enfermée dans une peau de Blanche, mère d'enfants noirs sortis de son corps blanc. Heureusement, on enleva la grosseur à temps. Elle ne nous l'avouait pas mais l'idée de la mort la hantait. C'était plus qu'une menace, une certitude contre laquelle elle se cognait.

« Cela me dépasse, disait-elle. Ne plus être là, du jour au lendemain. Rien ne vous garantit que vous vous réveillerez le matin. C'est pourquoi il n'y a pas une minute à perdre pour connaître Jésus. »

« S'il faut aussi longtemps que pour te connaître, je suis mal parti », pensais-je.

Je mis des années à découvrir qui elle était, peut-être parce que j'ignorais qui j'étais moi-même et n'avais pas le courage d'approfondir mes recherches. Peu à peu, je m'en détachais. Enfant, je m'étais interrogé sur la race à laquelle j'appartenais mais sans trop en souffrir ni maudire ma condition de métis. Dans les moments de tension ou d'affrontements entre communautés, je prenais spontanément parti pour les Noirs comme ma mère l'aurait fait. Je m'étais en quelque sorte barricadé chez les miens et il faudrait un coup de tonnerre, un incendie, pour m'en déloger. La couleur de ma peau, l'éducation que j'avais reçue, me vouaient à me fondre dans la masse anonyme de mes semblables mais je me sentais frustré à l'idée de me cantonner dans un univers où mon apparence m'aurait dicté ma conduite. Longtemps après, je découvrirais que le mystérieux « Monde blanc » n'était pas aussi libre qu'il en avait l'air ; certains Blancs avaient des problèmes d'identité plus ardus encore que les miens ; les juifs par exemple, si différents de ce grand-père à qui je devais un quart de mon sang. Mais je me heurtais sans cesse à la barrière des couleurs, obstacle numéro un, que je m'épuisais à fuir.

En 1980, ayant décroché un diplôme de journaliste à l'Université de Columbia, j'entamai une carrière boiteuse, mi dans la presse, mi dans la musique, double vocation que je finis par concilier. Mais auparavant, quel parcours ! À peine étais-je entré dans un journal que j'en sortais, attiré par un autre. À trente ans, j'avais collaboré successivement au *Boston Globe*, à *People*, au *Washington Post*, etc. Sans doute avais-je quelque talent puisque je parvenais toujours à me faire engager mais j'avais l'impression d'être un imposteur. Je flânais en ville toute la journée et arrivais recru de fatigue au journal. J'aimais le silence des pièces où la nuit ne rôdaient que quelques plumitifs dans mon genre, gardiens des téléscripteurs qui clignotaient. C'était le seul moment où j'étais capable d'écrire, à l'écart de mes collègues noirs et blancs, qui me rappelaient ma double appartenance. Étudiant, il m'arrivait de l'oublier, adulte, elle me sautait aux yeux. J'assistais à présent à des frictions dans la salle de rédaction et les griefs de chaque camp m'écorchaient les oreilles. Des collègues noirs me disaient pis que pendre d'un chroniqueur blanc qui m'était sympathique et je ne manifestais ma désapprobation qu'en me taisant. Bien sûr, c'étaient les Blancs qui tenaient le haut du pavé et parfois ils nous le faisaient sentir. Ils n'hésitaient pas à employer tous les moyens pour évincer de brillants rivaux noirs qui en concevaient de l'amertume. Mais ces ambitieux écrasaient aussi leurs semblables. La plupart de mes collègues étaient des femmes blanches qui d'ordinaire me traitaient amicalement ; la direction nous cantonnait dans les seconds rôles et les arrivistes nous passaient sur le ventre. Il y avait des Noirs qui se prenaient pour la réincarnation de Martin Luther King et ne juraient que par leur race. Ces grandes gueules me semblaient aussi éloignées de mes frères du ghetto que les Blancs les plus réactionnaires. Souvent, ils évoquaient « leur enfance dans le Mississippi » ou quelque autre État du Sud, pour prouver qu'ils avaient souffert de discrimination et de pauvreté. Je les soupçonne de n'avoir qu'entrevu certains quartiers déshérités, par la vitre fermée de leur Honda. Peut-être avaient-ils manqué d'argent en début de carrière... Et puis après ? N'en allait-il pas de même pour moi ? Je luttais contre l'exaspération qui me donnait envie de crier.

Durant toutes ces années, je n'eus guère de vie personnelle. Sur mon agenda, ne figurent que quelques dîners, des rencontres avec des petites amies, pas même un déjeuner d'affaires. Une journaliste de mon service, jeune métis de mère noire et de père juif, originaire de Chicago, me plaisait beaucoup mais je craignais de me lier et plus encore d'avoir des enfants qui risquaient de me ressembler. Je gardai donc mes distances et le temps finit par nous séparer. Au bout d'un délai variable, j'allais trouver mon supérieur pour lui annoncer : « Je m'en vais. Il faut que je trouve qui je suis, pour quoi je suis fait, et que je me consacre au saxo » : des arguments fumeux. Aux yeux des Noirs « trouver qui on était » relevait d'un caprice d'enfant gâté, mais les Blancs (sauf quelques patrons qui avaient les pieds sur terre) respectaient ce genre d'ambition.

Chaque fois que j'abandonnais un emploi, Maman entamait sa danse de guerre, un mélange de sauts et de cris qui commençait en général par une diatribe. « Et maintenant que vas-tu faire ? Tu avais ta chance, tu l'as manquée. Sans boulot, tu n'es rien. » Sous ses assauts, je pliais le dos et m'éloignais en marmonnant : « Que d'histoires ! J'ai d'autres cordes à mon arc. » Pendant des mois, je roulais ma bosse dans les boîtes de nuit new-yorkaises, décrochant un cachet ici ou là. J'avais un succès modéré. Quand la musique ne me nourrissait pas, je retournais au journalisme. En 1988, j'étais employé par le *Washington Post*, sans doute le meilleur journal du pays, un des plus célèbres du monde. Bientôt, la tentation m'effleura d'en démissionner pour revenir à New York. Lisant dans mes pensées, Maman m'avertit : « Toi, tu prépares un mauvais coup. Attention ! On te paie royalement, cramponne-toi. Sinon, tu le regretteras. » Mais je finis par quitter ma place. J'étais las du métier de reporter et le léger malaise que j'éprouvais, enfant, à me situer, avait viré au vertige avec l'âge. Mes trente ans me criaient à l'oreille, comme une guitare désaccordée : « Dépêche-toi de vivre, joue du saxo, écris, compose, exprime-toi, qui es-tu finalement ? » Coûte que coûte, il me fallait répondre mais pour me connaître je devais savoir qui était ma mère.

Il est effarant de constater que vous ignorez presque tout de la personne qui vous est la plus chère au monde. Petit garçon, je m'étais résigné aux refus de Maman quand je l'interrogeais sur son passé. J'avais mon propre chemin à suivre ; elle veillait à ce que je m'y consacre. En 1977, pour la première fois, j'empiétai par hasard sur son intimité. Il s'agissait de remplir un formulaire du collège où je devais indiquer le nom de jeune fille de ma mère. Je l'appelai au téléphone à Philadelphie où elle se trouvait alors. « Pourquoi as-tu besoin de ça ? » me demanda-t-elle. Quand je lui eus expliqué, elle toussota, hésita, puis marmonna : « Shilsky.

– Peux-tu épeler ? insistai-je.

– Qui paie ce coup de téléphone ?

– Moi.

– Que tu dis. Comme tu es au collège, tu es censé connaître l'orthographe. Débrouille-toi. »

Et sur ce, elle raccrocha. Le sujet ne fut plus abordé jusqu'en 1982, lorsque le rédacteur en chef du *Boston Globe* me suggéra d'écrire un article pour la fête des Mères. Mon texte eut un tel succès que je décidai d'exploiter ce filon. Peut-être la fortune me sourirait-elle à nouveau, peut-être même parviendrais-je à réconcilier ces deux races qui coexistaient si houleusement en moi. Je proposai donc à Maman de lui consacrer un livre. « Non », me lança-t-elle sur-le-champ. Je prétendis que nous pourrions en tirer une jolie somme, elle parut ébranlée. « Dans ce cas... si cela nous enrichit tous les deux... mais à une condition : tu gardes ton travail au journal. » Je commençai par prendre une année sabbatique, puis, comme d'habitude, je démissionnai. Maman se fâcha : « On n'a pas idée d'être aussi stupide ! »

Je la laissai grogner. Dans ma candeur, je m'imaginais que nous nous assiérions face à face pour une longue interview. J'allais recueillir tous les détails les plus pittoresques et les plus douloureux de sa vie. Aux balancements de son rocking-chair, elle déverserait son cœur dans le magnétophone. Nous en avions pour six semaines, deux mois au maximum, à remonter le temps la main dans la main, la mère guidant le fils. Puis, un beau jour, alléluia ! Nous casserions la baraque avec ce livre que le monde entier attendait.

Huit années plus tard, j'en suis revenu. Dès que ses confidences semblent prometteuses, ma mère les interrompt. « Suffit. Occupe-toi de tes affaires ! Tu penses trop, ton cerveau se dessèche comme une prune. Espères-tu tirer de moi un feuilleton pour la télé ? Et puis, je n'ai pas de temps à perdre. Je veux quitter Philadelphie. Occupons-nous de mon déménagement... »

Personne ne déménage aussi souvent que ma mère. Après avoir résidé un an au Delaware, elle a acheté, en 1975, une petite maison à Philadelphie. À peine installée, elle s'est mise en quête d'un nouveau domicile. Elle connaît tous les agents immobiliers de la région et leur téléphone dès l'aube, les appelle par leur prénom, part en leur compagnie visiter des demeures qu'elle n'a ni les moyens, ni l'intention d'acheter. « Laissez-moi une semaine de réflexion », leur dit-elle, la mine rêveuse.

Après avoir épuisé les joies de Philadelphie, elle a jeté l'ancre chez une de mes sœurs établie à Atlanta et aussitôt elle a recommencé ses tournées-visites. Quand les agents immobiliers la demandent au téléphone, elle refuse de répondre. « Dis-leur que je ne suis pas là, ordonne-t-elle à ma sœur. Mais pourquoi insistent-ils à ce point ? »

Je ne compris cette sorte de névrose que le jour où je mesurai le trajet qu'elle avait parcouru depuis sa naissance et le traumatisme qu'elle avait subi en se coupant de ses origines juives. Nos entretiens l'avaient quelque peu éclairée sur elle-même mais à quel prix ! Et de quel droit l'invitais-je à retracer un itinéraire qui la replongeait dans l'angoisse ? Elle y jetait un coup d'œil et reculait effarée, comme brûlée par sa propre histoire. En reconstituant l'essentiel de ses souvenirs, il me semble que je la tuais tout en l'aidant à renaître (puisque je la délivrais du silence) et que, de mon côté, j'héritais de sa peur. Des mots étranges « Tateh », « Bubeh » traversaient la cuisine ; cinq mille années de passé juif s'étendaient devant moi. J'étais bouleversé par des émotions que j'essayais en vain de trier, de clarifier et qui s'éparpillaient au fil de nos propos. Maintenant, je devais me reconstruire moi-même, rassembler, intégrer ces pièces détachées qu'elle me livrait comme les morceaux d'un puzzle.

Le christianisme auquel ma mère s'est convertie durant les années quarante aura complètement métamorphosé sa vie et lui aura permis de s'accepter. Certes, elle opposa longtemps un « Cela ne te regarde pas » à mes questions mais elle a fini par convenir : « Au fond, cela n'a plus d'importance. Tous ces gens-là sont morts à présent, sans doute enterrés en Floride. » Ce nom est pour elle synonyme de repos éternel. « Jamais je ne prendrai ma retraite en Floride », s'est-elle juré et, lorsque nous longeons un cimetière, elle remarque : « La voilà, la Floride, la paix du tombeau. »

À l'âge de soixante-cinq ans, elle s'est inscrite dans une université du soir pour suivre des cours d'assistante sociale. Ses études lui plaisent beaucoup ; elle dévore les auteurs du programme. J'avais oublié combien elle était intelligente. Ayant pour la énième fois déménagé, elle habite dans un faubourg calme de Philadelphie, près de chez ma sœur Kathy, et partage ses loisirs entre un foyer d'aide aux jeunes mères célibataires et un centre d'alphabétisation pour personnes âgées. Chaque jour, elle se lève à l'aurore, conduit ses petits-enfants à l'école, puis sillonne la ville à bord de sa voiture, se disputant avec ceux qui osent critiquer son allure : vingt-cinq kilomètres à l'heure. La radio de bord diffuse des émissions de variétés dont les plaisanteries l'amusent. « Grand-maman rit toujours aux vilains mots », m'a confié sa petite-fille Maya. Parfois, cette dame respectable disparaît des journées entières. On s'inquiète et découvre qu'elle s'est rendue dans un quartier mal famé où l'un de ses prêtres favoris a fondé une église. « Ce n'est pas un endroit pour toi », la gronde ma sœur. « Tu n'as pas d'ordres à me donner », réplique Maman. Elle a toujours vécu à sa guise, acceptant, voire choisissant le risque, comme le pilote d'un avion, qui exécuterait looping sur looping et hurlerait soudain au cours d'une descente en piqué : « Au secours ! On va se fracasser. Que dois-je faire ? » Par miracle, elle atterrit en douceur et oublie aussitôt l'accident frôlé.

En août 1993, Ruth McBride Jordan, alias Rachel Deborah Shilsky, a relevé le défi des fantômes qui la hantaient, pour effectuer un pèlerinage aux sources, à Suffolk (Virginie). Nous étions trois à l'accompagner : ma sœur Judy, institutrice à New York, mon frère Billy, médecin à Atlanta, et moi. Traversant Suffolk par la grand-rue, nous sommes passés devant l'ancien hôtel qui possédait déjà un ascenseur dans les années trente, avons ralenti pour saluer l'emplacement de l'ex-boutique Shilsky, l'école, la synagogue. « Ça n'a pas changé », disait ma mère, le nez à la fenêtre, mais elle refusa de sortir de la voiture. Je la sentais plus attentive et curieuse qu'émue. Elle ne commença à s'agiter qu'aux approches de la propriété de Frances Moody, aujourd'hui Frances Falcone. Il m'avait fallu douze ans pour retrouver l'amie d'enfance. La plupart des contemporains de Maman étaient morts ou partis depuis un demi-siècle, quoi de plus normal ? C'était la bibliothécaire qui m'avait mis sur la voie. « Il s'agit certainement de Mrs. Falcone », m'assura-t-elle et elle téléphona pour s'en assurer. Quand elle me tendit l'appareil, je dis à Mrs. Falcone que je la cherchais depuis une éternité. « Venez donc me voir », me répondit-elle en riant. « Moi, je n'y vois goutte. On m'a opérée hier de la cataracte. » Lors de ma visite, je rencontrai une femme mince, aux cheveux châtains, dont la vue revenait lentement et qui parlait d'une voix très douce. Elle avait épousé un ébéniste, Nick Falcone, ce qui demandait un certain courage dans le Sud qui méprisait les Italiens. Quarante années plus tôt, n'avait-elle pas osé se lier d'amitié avec une petite juive ?

« La dernière fois que j'ai vu votre mère, m'a-t-elle dit, c'était en 1941, à la réception de mon mariage.

– Je suis sûr que vous ne vous attendiez pas à la revoir un jour.

– Vous vous trompez. Je savais que nous nous retrouverions. »

Comme nous roulions vers la maison de Frances, la nervosité de Maman augmenta. Elle n'arrêtait pas de pépier : « Regarde-moi ces routes ! Ce qu'elles sont bien entretenues ! Billy, ralentis donc ! Les flics ne plaisantent pas par ici. Oh que j'ai mal aux jambes ! Votre climatisation me scie les genoux. Et je n'ai pas assez de place. » Même lorsque nous nous sommes arrêtés devant le porche et que Frances est apparue, elle a poursuivi : « Impossible de me lever, j'ai trop mal. Mais qu'est-ce que vous faites, bande d'imbéciles, au lieu de m'aider ? Ah mon Dieu, voilà Frances ! Si mince, si élégante ! Mais c'est bien elle ! Et voilà que je pleure, folle que je suis ! » Elle pleurait en effet en embrassant son amie.

L'instant d'après, les deux dames bavardaient comme si elles s'étaient quittées la veille. Je me dis que ce livre auquel Maman ne s'était jamais beaucoup intéressée, les avait réunies à nouveau, ressuscitant ce passé que ma mère avait enterré si profond.

Il y a sans doute cent bonnes raisons pour lesquelles ma mère aurait dû rester fidèle à la religion juive, au lieu de plonger dans le métro pour se rendre dans une église délabrée et y traîner sa marmaille de noirauds, et je suis convaincu que ces raisons figurent dans l'Ancien Testament. Mais comment ne me réjouirais-je pas qu'elle ait choisi une autre vie, celle des Afro-Américains ? Elle a épousé deux hommes exceptionnels et mis au monde douze enfants qu'elle a élevés, lancés dans la vie. Le moment est venu de les présenter au lecteur dans l'ordre chronologique. C'est l'œuvre dont elle est la plus fière, à juste titre me semble-t-il. Les voici :

ANDREW DENNIS MCBRIDE. Diplômé de l'Université Lincoln, de l'École de médecine de Pennsylvanie et de l'Université de Yale, Directeur des services de santé à Stanford (Connecticut).

ROSETTA MCBRIDE. Diplômée de l'Université de Howard, de l'École d'assistantes sociales de Hunter. Psychologue attachée à la direction du programme d'Éducation de la ville de New York.

WILLIAM MCBRIDE. Diplômé des Universités de Lincoln et de Yale. Études de médecine puis de sciences commerciales à l'Institut d'Emory. Directeur médical chez Merckx.

DAVIC MCBRIDE. Diplômé de l'Université de Columbia, docteur en histoire et en sociologie. Directeur du département afro-américain à l'Université de Pennsylvanie.

HELEN MCBRIDE. Diplômée de l'Université de Pennsylvanie et de l'École de médecine d'Emory. Chargée de la formation des sages-femmes.

RICHARD MCBRIDE. Diplômé de chimie de l'Université Cherney. Professeur d'université et conseiller de recherche chez A.T.T.

DOROTHY MCBRIDE. Diplômée de l'Université La Salle. Secrétaire médicale à Atlanta.

JAMES MCBRIDE. Diplômé de l'Université d'Oberlin et de Columbia (journalisme). Écrivain et saxophoniste. Lauréat du prix Stephen Sondheim.

KATHY JORDAN. Diplômée de l'Université de Syracuse (pédagogie). En poste au lycée d'Ewing (New Jersey).

JUDY JORDAN. Diplômée (pédagogie) de l'Université de Columbia. Enseignante à Manhattan.

HUNTER JORDAN. Diplômé de l'Université de Syracuse (ingénieur). Chercheur au département d'électronique de la U.S. Trust Corporation.

HENRI JORDAN. Diplômé de l'Université de Caroline du Nord, (sciences sociales). Chargé des contacts avec la clientèle à la Neal Manufacturing Inc.

À cette douzaine, il convient d'ajouter le nom de RUTH JORDAN qui obtint son diplôme d'assistante sociale à l'Université Temple, en 1986.

La plupart des enfants de Maman ont décroché des postes à responsabilité, tous se sont vaillamment battus contre l'adversité avec un mélange de dignité, de modestie et d'humour. Nous nous sommes souvent disputés, jamais brouillés. Les mariages, liaisons, adoptions, ont multiplié par deux, puis encore par deux, la douzaine originelle. Les membres de notre famille sont de toutes les couleurs, du blanc au noir en passant par le cuivre, l'ocre, avec des cheveux tantôt crépus, tantôt lisses, clairs ou foncés et des yeux bruns ou bleus. En fuyant ses origines, Maman a créé son propre peuple, un groupe bigarré qui envahit sa maison à chaque Noël et dort n'importe où : sur le sol, le tapis, à trois dans un lit, comme au bon vieux temps.

Chaque année, nous décidons de célébrer Noël ailleurs. Nous échangeons des coups de téléphone, des fax, des lettres, dans l'espoir d'échapper à la cohue traditionnelle. Nous préférerions nous réunir chez l'un de nous ; nous sommes tous mieux installés que notre mère et nous nous lassons de parcourir des centaines de kilomètres avec des centaines d'enfants, pour passer la nuit avec des centaines de gens sur le plancher maternel. Ce n'est plus de notre âge, nous sommes adultes à présent. Mais chaque année, notre commandant en chef remet ses troupes au pas. Ma femme Stéphanie se souviendra toujours de son premier bain de famille. Comme d'habitude, les douze enfants et leurs rejetons s'entassaient dans le petit pavillon de ma mère. Les murs menaçaient de s'écrouler, les gosses piaillaient, les parents excédés se tenaient la tête. Soudain quelqu'un suggéra : « Si on allait au cinéma ? » Aussitôt des cris fusèrent. « Super ! » « Je vous conduis en bagnole. » « Où sont mes souliers ? » « Un instant, je ne suis pas prête. » « Dépêchez-vous donc ! » Indifférente au tohu-bohu, Maman demeurait affalée sur le divan, les pieds sur la table à café. Elle bâilla et dit tranquillement : « J'ai faim. Quand mange-t-on ? » Dans l'instant, le cinéma fut oublié.

« D'accord, cassons la croûte.

– J'ai une de ces fringales.

– Téléphonons pour qu'on nous livre quelque chose.

– Vite, je crève. »

Voilà qui en dit long sur l'autorité maternelle.

Épilogue

En novembre 1942, Halima Wind, juive polonaise de vingt et un ans, fut envoyée par ses parents à Lvov, dans l'espoir d'échapper aux nazis qui marchaient sur son village natal de Turka. Ils l'envahirent bientôt et massacrèrent six mille juifs, y compris la famille de Halima. Avec neuf autres juifs, elle réussit à se cacher durant quatorze mois dans les égouts de Lvov, parmi les rats et les ordures, sans jamais voir la lumière, nourrie par les employés municipaux. Elle survécut pour témoigner de son martyre.

En 1980, le fils unique de Halima, David Lee Preston, fringant rédacteur en chef au *Wilmongton Journal* entra dans mon bureau et me tendit un article que je venais d'écrire.

« Très bon », me dit-il.

Je le remerciai.

« Mais vous rectifierez l'orthographe de Muhammad Ali, il y a deux a et pas de e. Le correcteur l'ignorait.

– O.K., dis-je.

– Il paraît que vous êtes saxophoniste. Avez-vous jamais entendu Albert Ayler ? »

La question me surprit. Albert Ayler était un jeune génie du saxo dont le nom ne circulait que parmi les initiés et qui, selon la rumeur, avait disparu dans l'Hudson, les pieds scellés dans du ciment.

« Le connaissiez-vous ? » demandai-je.

Il haussa les épaules en souriant. Depuis ce jour, David devint mon meilleur ami. En le fréquentant, je mesurai à quel point il était intelligent, cultivé, pétri de compassion et de sens de l'humour. J'ignorais qu'il était juif, ce n'était pas écrit sur son front et jamais il ne mentionna sa religion ni ne la laissa l'influencer. Ce ne fut que lorsque je lui révélai que ma mère était une émigrée juive, fille de rabbin, qu'il m'apprit qu'il en allait de même pour la sienne à laquelle, lui aussi, consacrait un livre. En 1991, je lui demandai d'être témoin à mon mariage avec Stéphanie, une Afro-Américaine, et il m'adressa la même requête, l'année suivante, lorsqu'il décida d'épouser Rondee, une coreligionnaire. Il voulait que Maman m'accompagne. J'acceptai en son nom mais je savais qu'elle émettrait des objections.

« C'est très intéressant, me dit-elle quand je lui parlai de la cérémonie.

– Il aimerait beaucoup que tu sois des nôtres », insistai-je.

J'étais convaincu que David lui plairait. Elle finit par céder, à condition d'être accompagnée de Kathy. Pour ce qui touche aux émotions, Maman ne compte que sur l'assistance de ses filles. Elle se vante volontiers de ses fils, de leurs succès universitaires ou professionnels, mais s'en remet à ses filles pour maintenir l'unité du clan McBride-Jordan et pour la remplacer le jour où elle ne sera plus là. Sans doute les femmes supportent-elles mieux les épreuves que nous les hommes qui avons parfois tendance à nous défiler. Durant les épuisantes réunions de Noël, par exemple, nous nous retrouvons entre mâles, devant la télé, absorbés par n'importe quel match de base-ball qui nous offre un semblant de paix.

Kathy accepta donc de servir de supporter à ma mère, assistée de sa propre fille Maya, neuf ans. Le mariage avait lieu au Temple Beth Shalom de Willmington, la synagogue de Mrs. Halima Wind Preston. J'étais témoin et portais un smoking noir avec une écharpe blanche. Six musiciens exécutèrent des morceaux traditionnels. J'étais presque aussi ému et fier que David qui s'engageait dans sa nouvelle vie, la mine confiante et grave. Sous le dais d'honneur, les jeunes époux signèrent le registre. La sœur de David servait de chantre aux chœurs. L'oncle rabbin prononça un discours qui bouleversa l'assistance. « Me voici, commença-t-il, partagé entre la joie et la tristesse, vibrant au bonheur des nouveaux mariés mais regrettant que ma sœur ne soit pas des nôtres, en ce jour qui aurait été le plus radieux de sa vie. » Mrs. Preston était morte à l'âge de soixante et un ans, après une opération à cœur ouvert. Je pensai à ma mère et me retournai pour la regarder.

Assise au quatrième rang, elle essuyait son nez rouge et se tamponnait les yeux avec son mouchoir. Un petit appareil de photo pendait, attaché à son poignet. C'était sa nouvelle passion. À la naissance de sa petite-fille Azure, elle s'était précipitée pour la photographier à l'hôpital et elle avait fait poser dans son jardin mon fils, déguisé en lapin de Pâques. Son enthousiasme égalait sa maladresse : tantôt le modèle avait la tête coupée, tantôt le paysage glissait sur le côté, mais ma mère s'obstinait. Pour elle, chaque instant de vie était trop précieux pour le laisser perdre et je m'étonnai qu'aujourd'hui elle renonçât à son hobby. Elle se tenait bien droite dans sa robe blanche, son plus beau collier au cou. Ses yeux sombres, son long nez lui donnaient un air de famille avec les parents originaires de l'Europe de l'Est. En entrant à la synagogue, elle avait hoché la tête en signe d'approbation et désigné le mur du souvenir où étaient gravés les noms des morts. « Tu verras, m'avait-elle murmuré. Quand les femmes se mettront à chanter, les hommes s'éloigneront. » Elle avait l'air de rendre visite à un musée.

« Ça te plaît? lui demandai-je.

– Je suis très contente pour ton ami. C'est le type même du garçon juif comme il faut. »

Je compris alors que le kaddish, cette prière des morts que son père avait récitée jadis, afin de couper définitivement Maman de ses racines, avait produit son effet. Ma mère n'appartenait plus à son ancienne communauté, elle la regardait en étrangère. « J'ai laissé tout cela derrière moi », me confia-t-elle.

Pourtant, durant la réception qui suivit, face au buffet garni de friandises kascher, elle expliqua à ma nièce Maya ce que « kascher » signifiait. Elle bavarda et plaisanta avec les dames juives assises à côté d'elle, applaudit lorsque, secondé par d'autres hommes, je portai David installé dans un fauteuil tout autour de la salle ou résonnait la musique de fête. Mais peu après les danses traditionnelles, elle se leva et déclara d'un ton sans réplique : « Je suis prête à partir. »

Dehors, il pleuvait et nous n'avions pas de parapluie. Kathy et Maya se précipitèrent vers l'auto tandis que j'aidais ma mère à descendre les marches de la synagogue. L'humidité accroissait ses rhumatismes. « C'était très bien, me dit-elle. Les juifs d'autrefois célébraient les mariages ainsi, sous un dais, avec des chants et un verre que l'on brise. Cela aurait pu être mon mariage, tu te rends compte? »

Ses pieds peinaient sur le trottoir. Je la lâchai un moment pour courir lui ouvrir la porte de la voiture.

« Oui, dis-je. Cela aurait pu... » Et je m'interrompis, conscient de ne parler qu'à moi-même. Mais si ma mère avait été la mariée, où, qui serais-je aujourd'hui ? Je l'observai qui s'approchait. Soudain, elle fit volte-face pour lancer un dernier coup d'œil à la synagogue. Elle paraissait perdue dans ses pensées. La pluie ricochait autour d'elle sans qu'elle s'en souciât. Quand elle m'aperçut, elle se remit en marche, tanguant comme une chaloupe qui remonterait le cours du temps. Indifférente aux gouttes qui lui coulaient sur le front, elle s'arrêta à nouveau pour fixer le vide, puis elle se hâta vers la voiture, de ce pas balancé qui, depuis toujours, la portait là où elle voulait aller.

Table

Cet ouvrage a été réalisé par la
SOCIÉTÉ NOUVELLE FIRMIN-DIDOT
Mesnil-sur-l'Estrée
en avril 1997

Imprimé en France
Dépôt légal : mai 1997
N° d'édition : 17PE32 – N° d'impression : 38012
ISBN : 2-84111-075-3